ars vivendi

Dieter Buck

Fundort Natur

Natursehenswürdigkeiten im Allgäu

Ein ars vivendi Freizeitführer

Dieter Buck, Jahrgang 1953, beschreibt und fotografiert zwischen Baden-Württemberg, Allgäu, Salzburg und Kärnten, was ihm unter den Stift bzw. vor die Linse kommt. Dies endet seit vielen Jahren in Wander-, Radtouren- und Reiseführern. Außerdem beglückt er die Leser der führenden Presseorgane im Mittleren Neckarraum sowie die internationale Alpinpresse mit seinen Wandervorschlägen.

Bildnachweis: Reinhold Tandler, Blaichach: S. 79. Alle übrigen Abbildungen des Buches stammen vom Autor.

2., überarbeitete Auflage 2006

www.arsvivendi.com

Typografie und Ausstattung: Armin Stingl, Fürth
Umschlagfotografie: Dieter Buck
Karte: Ingenieurbüro Dieter Ohnmacht, Frittlingen
Lithografie: Reprostudio Schmidt, Nürnberg
Druck: Bosch Druck GmbH, Ergolding
Printed in Germany

ISBN 3-89716-205-9

Inhalt

Vorwort

»Das Algöw oder Alpengöw ist eine Gegend oder Strich Land in dem räthigowisch Gepürg, dadurch die Iller fleußt.«
Josef Buck, 1856 (nicht verwandt oder verschwägert mit dem Autor)

Schöne Landschaft gibt es im Allgäu genug – ja, man muss sich sogar fragen: Gibt es im Allgäu Landschaft, die nicht schön ist? Berggipfel, Täler, Wälder, Alpen (wie hier die Almen heißen) jede Menge. Dazwischen Bäche und Flüsse, Wasserfälle, Klammen, Findlinge, ausgedehnte Blumenteppiche, Seenplatten und Moore. Dass hier spazieren gegangen, gewandert, geklettert wird, was das Zeug hält – kein Wunder! Und wie immer bei solchen Gebirgsgegenden halten die Buchhandlungen hierzu eine breite Palette von Führern bereit. Warum also noch einen?

Dieses Büchlein will mehr leisten, als Wanderungen von A nach B zu beschreiben, weil die Landschaft oder die Aussicht dort schön ist, wie es die meisten Führer tun. Das wird hier zwar auch geboten, jedoch sozusagen als Rahmenprogramm für mehr: Denn wem ist es nicht schon so ergangen, dass er nach einem herrlichen, ausgefüllten Urlaub die vielen Landschaften durcheinandergebracht hat, weil zwar alles ganz wunderbar war, aber irgendwie doch gleich und es keine herausragenden Höhepunkte gab? Deshalb entstand die Idee zu einem Führer mit Wandervorschlägen, die sich um eine naturkundliche Sehenswürdigkeit als Ziel und Hauptattraktion ranken. So wird jede Tour nicht nur um der Wanderung und der Landschaft willen zum Erlebnis, sondern man trägt auch eine markante Erinnerung mit nach Hause. Denn in der Erinnerung verschwimmen oft Wege, Ziele, Gipfel und Wälder miteinander, und irgendwann kann man sie alle nicht mehr auseinander halten. Aber eine ganz besondere Sehenswürdigkeit, die man sich anhand der Lektüre vorher ausgemalt und sich dann erwandert, »erkämpft« hat – die bleibt sitzen!
Und so soll es sein, das ist der Zweck des Buches: Mögen Sie sich immer an die großartigen und staunenswerten Dinge erinnern, die es im herrlichen Allgäu gibt!

Um eines wird gleich um Verzeihung und Verständnis gebeten: Es gibt im Allgäu natürlich eine noch viel größere Zahl von Natursehenswürdigkeiten als gerade diese vierzig, die in diesem Buch vorgestellt werden. Die Auswahl fiel deshalb schwer, es wurde aber darauf geachtet, dass sie sowohl landschaftlich als auch von der Art der Sehenswürdigkeit her ausgewogen ist. Trotzdem kann sie natürlich nur subjektiv sein, jedoch ist sicher für jeden Geschmack etwas geboten.

Dieter Buck

Übersichtskarte

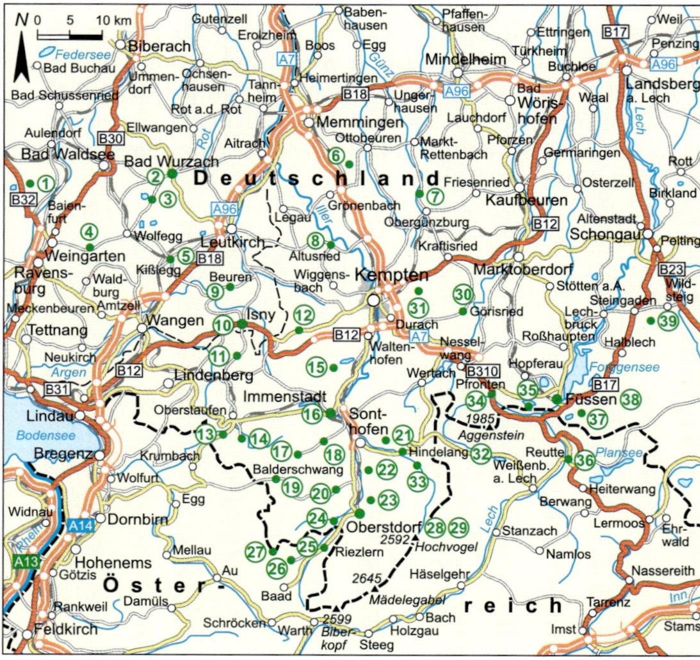

Verkehrswege

Autobahn mit Anschlussstelle

autobahnähnlich mit Anschlussstelle

Fernstraße

Verbindungsstraße

Sonstige Straße

Eisenbahn

Grenzen

Staatsgrenze

Bundeslandgrenze

Kartenthema

● 18 Tourenausgangspunkt mit Kapitelnummer

1 Seen und Weiher
Die Blitzenreuter Seenplatte

Die Blitzenreuter Seenplatte: eine weite Landschaft mit Seen, Weihern und Moorflächen, die sich westlich des Schussentales ausdehnt. Hier befinden sich die Naturschutzgebiete Buchsee, Häcklerweiher und Dornacher Ried, Schreckensee und Vorsee-Wegenried. Die Fläche nimmt insgesamt etwa 300 Hektar ein und sie bietet dem Wanderer Naturerscheinungen vom offenen See bis hin zum Hochmoor. Das Gebiet Dornacher Ried mit Häcklerweiher und Buchsee wurde 1937 mit einer Fläche von 151 Hektar, das Schutzgebiet Vorsee-Wegenried 1971 mit 46 Hektar unter Schutz gestellt. Früher gab es hier elf Seen und Weiher mit zusammen 255 Hektar Wasserfläche, heute sind es nur noch fünf Gewässer mit 65 Hektar.

Während Buchsee und Schreckensee natürliche Gewässer sind, die in der Würmeiszeit entstanden sind, hat man den Häcklerweiher künstlich angelegt (im Gegensatz zu Seen handelt es sich bei Weihern um vom Menschen geschaffene Gewässer). Er ist der Rest eines riesigen Sees, der früher das gesamte Ried überdeckte. Das Kloster Weingarten nutzte den Weiher einst zur Karpfenzucht, denn da Fisch nicht als Fleisch galt, griffen die Mönche in der Fastenzeit gern auf diese Eiweißquelle zurück. Für den heutigen Betrachter allerdings sehr ungewöhnlich: Auch Blutegel fanden sich dort so reichlich, dass für den Fang sogar Pacht erhoben wurde! Heutzutage herrscht diesbezüglich kein Bedarf mehr, die Fischzucht wird aber nach wie vor betrieben. Im Süden ist der Häcklerweiher von weiten Niedermooren umgeben. Auf seinem ehemaligen Damm verläuft die B 32. Und schließlich speist der Häcklerweiher den Buchsee, der aus einem Toteisloch hervorgegangen ist und ebenfalls der Fischzucht diente.

Das Dornacher Ried wurde bereits 1924 zum Bannwald erklärt, was es vor der Abtorfung, die außerhalb des Schutzgebietes das Moor zerstörte, schützte. Der größte Teil befindet sich deshalb noch im Naturzustand, hier und im Wegenried ist die Entwicklung bis zum Hochmoorstadium gediehen. Auf einem Teil des Dornacher Rieds wächst ein Spirkenwald, andere Teile sind nur von Zwergstrauchheiden bewachsen. Hier liegt auch der einzige Hochmoorkolk, der im Bereich von württembergischem Allgäu/Oberschwaben noch erhalten ist: der etwa 13 Ar große Blindsee. Der

Von einst elf Seen sind noch fünf übrig geblieben.

Experte erkennt hier den für verlandende Moorgebiete typischen Bewuchs mit Schwingrasen. In seinem Zentrum befindet sich ein fast unberührtes Bergkiefern-Hochmoor, allerdings ohne die für ein Hochmoor charakteristische uhrglasförmige Aufwölbung.

Das Häcklermoor wurde im Mittelalter überstaut; als das Gebiet bei der Säkularisation an Württemberg fiel, hat man das Wasser jedoch wieder abgelassen. Hier entwickelte sich auf den offenen Flächen ein bis heute erhaltenes Wollgras-Hochmoor mit Moosbeere und Rosmarinheide, zu etwa fünfzig Prozent ist es jedoch mit einem aus Kiefer, Birke und Faulbaum bestehenden Moorwald bewachsen. Während die Flach- und Übergangsmoore früher zur Gewinnung von Einstreu dienten, muss heute mit Pflegemaßnahmen ein Verbuschen verhindert werden. Am Nordrand des Häcklerweihers entstanden durch die zahlreichen kalkhaltigen Quellen kleine Kalkflachmoore.

Das Wegenried nördlich des Vorsees erfreut den Betrachter durch seine Niedermoorwiesen, die mit vielen Wiesenorchideen und Trollblumen bewachsen sind; nicht zugänglich ist hier jedoch das Hochmoor.

Das Dornacher Ried ist vom Schutzgebiet Vorsee-Wegenried nur durch einen Moränenrücken getrennt. Hier findet man alles, was die Biotop-Art Moor zu bieten hat: Röhricht, Seggenmoor, Niedermoor, Übergangsmoor und Hochmoor (hier ein Spirkenhochmoor mit starkem Birkenunterwuchs). Entstanden ist das Gebiet, als der Würmgletscher während seiner ersten großen Rückzugsphase mehrere »Stillstandslagen« hatte, wobei hier mächtige Endmoränenwälle aufgeschüttet wurden – anhand derer sich vier verschiedene Eisstände nachweisen lassen. Zwischen den Wällen sammelte sich bald Schmelzwasser. Eisbrocken, die unter den Schuttmoränen begraben waren, hinterließen Toteisseen.

Der einstige riesige See verlandete im Laufe der Zeit, übrig blieb lediglich der zwei Meter tiefe und acht Hektar große Vorsee. 1670 maß er 42 Hektar, 1822 nur noch 14 Hektar. Ursächlich für die Verkleinerung waren mehrfache Absenkungen des Wasserspiegels, außerdem Verschlammung – die Schlammschicht des Sees ist rund sieben Meter dick. Bis 1900 gab es daneben noch einen so genannten Oberen Vorsee, mitten im Wegenried, der aber nach den Entwässerungsmaßnahmen ab 1892 austrocknete.

Wandervorschlag

Ab dem Parkplatz ist ein Lehrpfad ausgeschildert (beschildert mit einem Adler), dem wir folgen. Wir gehen zuerst eine Zeit lang am Häcklerweiher entlang, danach zieht der Weg nach links. Nach einer Weile müssen wir zum Vorsee nach links vom Waldweg abzweigen, wir gehen nun auf einem Naturpfad neben dem Vorsee weiter bis zu einem querenden Wanderweg, der mit dem roten Punkt markiert ist. Daran orientieren wir uns vorerst. Es geht nach links zum Ort Vorsee, hier spazieren wir nach links durch das Dorf, bis wir es nach einer Kurve wieder nach links verlassen. Wir folgen noch kurz entlang der Einzäunung der Markierung; wo diese aber nach rechts zur Straße weist, bleiben wir links. Wir kommen in den Wald und nach ein paar Minuten zurück zum Ausgangspunkt.

Ausgangspunkt: Parkplatz an der B 32.
Zeit: Etwa 1 Std.
Länge: Etwa 4 km.
Empfohlene Wanderkarte: Freizeitkarte F 527 Bad Saulgau, Landesvermessungsamt Baden-Württemberg.
Informationen: Gemeindeverwaltung, 88284 Wolpertswende, Tel. 0 75 02/9 40 30. Gemeindeverwaltung, Schwommengasse 2, 88273 Fronreute, Tel. 0 75 02/ 95 40.

2 Das größte Hochmoor Mitteleuropas
Das Wurzacher Ried

»Germanien ist reizvoll durch seine Wälder, aber hässlich wegen seiner Sümpfe«, sprach bereits vor etwa 2000 Jahren der römische Chronist Tacitus. Nun, er kannte wahrscheinlich das Wurzacher Ried, eines der schönsten Moore des Landes nicht!

Die gesamte Gegend (das Wurzacher Becken mit dem Ried, dem Rohrsee und der Haidgauer Heide) wurde von mächtigen Eiszungen des Rheingletschers in der Risseiszeit vor rund 200000 Jahren ausgeformt. Es wurde Schotter aus den Schmelzwässern des Rheingletschers abgelagert, und auch die anderen Endmoränenwälle um das Becken stammen aus der Risseiszeit vor 120000 bis 300000 Jahren. So füllte es sich mit den Sedimenten der verschiedenen Eiszeiten; in der Würmeiszeit schließlich dämmte eine Jungendmoräne das Becken nach Südwesten ab. Als diese Eiszeit vor rund 20000 Jahren endete, staute sich das abfließende Schmelzwasser der abtauenden Gletscher zu einem See auf, dessen einziger Abfluss durch das heutige Ortsgebiet von Bad Wurzach zur Iller führte. Im Laufe der Jahrtausende verlandeten jedoch die Wasserflächen, und durch die Klimaerwärmung, die nach den Eiszeiten vor rund 10000 Jahren einsetzte, wurde die Fläche dann sukzessive von der Pflanzenwelt erobert. Da die Reste von abgestorbenen Pflanzen wegen Sauerstoffmangels nicht abgebaut werden konnten und sich mit organischen Stoffen vermischten, entstand daraus der kohlenstoffreiche Torf. So wurde der einstige See schließlich zu einem Niedermoor. Die bis zu zehn Meter dicke Schicht des Wurzacher Rieds, die reichste Torfschicht Europas, ist somit rund 10000 Jahre alt.

Das Wurzacher Ried liegt in etwa 650 Meter Höhe und zieht sich von Südwesten nach Nordosten etwa acht Kilometer, von Nordwesten nach Südosten etwa dreieinhalb Kilometer. Mehr als zwei Drittel des Gebietes nehmen die weiten Hochmoore ein. Da die Torfmoose das gespeicherte Wasser ansäuern und allein vom Regenwasser und den darin gelösten Nährstoffen ernährt werden, sind Hochmoore nährstoffarme, saure und ständig nasse Lebensräume, in denen nur eine bestimmte Fauna und Flora überleben kann. Um die Hochmoore herum, die untereinander keine Verbindung haben, gruppieren sich ausgedehnte, verschieden breite Niedermoore entlang der Quellbäche der Wurzacher Ach.

Da sie im Unterschied zu den Hochmooren Verbindung zum Grundwasser haben, sind sie nährstoffreicher und man findet hier einen üppigen Bestand von Süß- und Sauergräsern, Kräutern, Blumen, Sträuchern und Bäumen sowie eine artenreiche Tierwelt. 426 Hektar des Wurzacher Rieds sind seit 1959, der Rest seit 1996 mit einer Gesamtfläche von 1812 Hektar unter Naturschutz gestellt. Der Kernbereich gilt heute als größt noch intakte Hochmoorfläche Mitteleuropas und ist eine wahrlich sehenswerte Urlandschaft.

Die Niederschlagsmenge von 1090 mm im Jahr bietet dem Moor gute Lebensbedingungen. Die jährliche Durchschnittstemperatur liegt mit 6,9 Grad Celsius etwa zwei Grad unter dem Bundesdurchschnitt, so dass die Blütezeit erst rund einen Monat später als am nahen Bodensee beginnt. Dadurch, dass sich im Moorbecken die Kaltluft staut, kann es aber selbst in den Sommermonaten in der Nacht Frost geben.

Da das Moor teilweise zur Torfgewinnung genutzt wurde, sind das Dietmannser Ried, das Ziegelbacher Ried, das Oberried und das Stadtried partiell abgetorft, während beispielsweise das Alberser Ried nahezu unversehrt blieb. Im frühen 19. Jahrhundert setzte der Abbau ein. Der Torf diente früher zur Gewinnung von Brennmaterial, und um diesen Reichtum der Natur voll auszuschöpfen, entstand am Südrand des Rieds die Glasfabrik Oberried. Diese Art der Nutzung ist jedoch heute beendet und einer anderen gewichen: Seit 1936 werden hier Moorbäder verabreicht. Ende des 19. Jahrhunderts begann man auch mit großflächigen Entwässerungsarbeiten.

Im Alberser und dem noch erhaltenen Teil des Haidgauer Rieds stockt ein Moorkiefernwald, das Dietmannser Ried hingegen ist nach den Eingriffen des Menschen von einem Fichtenwald und Birkenbruchwald bewachsen. Nach der Entwässerung und Entwaldung des westlichen Teils des Haidgauer Schildes findet man hier überwiegend die Moorheide, die auf gestörte Naturverhältnisse hinweist. Vor allem zwischen den beiden Hauptbächen (Dietmannser und Haidgauer Ach) und entlang des Wengener Mühlbaches liegen ausgedehnte Niedermoore, die man einst als Streuwiesen nutzte. Um ihren reichen Tier- und Pflanzenbestand zu erhalten, werden sie heute von der Naturschutzverwaltung gepflegt.

Mitten im Haidgauer Schild befand sich früher der so genannte »Schwindelsee«, der mittlerweile jedoch durch den Torfabbau

Besonders schön ist es hier an klaren, sonnigen Herbsttagen.

zerstört wurde. Dabei brach aus dem Boden ein kalkreiches, artesisch gespanntes Wasser auf, das mitten im Hochmoor ein Niedermoor entstehen ließ. Kalkflachmoore findet man bei Haidgau und Dietmanns; ihr Ursprung liegt in den Quellseen der Haidgauer und Dietmannser Ach mit ihrem kalkreichen Wasser. Sie bilden einen Lebensraum für viele seltene Pflanzen.

Im Moor wachsen 16 verschiedene Torfmoos- und rund 150 bedrohte Farn- und Blütenpflanzen, die auf der »Roten Liste der aussterbenden Arten« stehen. Insgesamt kommt man sogar auf ungefähr 250 gefährdete Tiere und Pflanzen. Bedingt durch durchschnittlich 120 Frosttage im Jahr stellt das Moor einen äußerst wichtigen »Reliktstandort« von arktischer und nordischer Flora und Fauna dar – 230 der 790 nachgewiesenen Pflanzenarten sind Relikte aus der Eiszeit, ebenso viele der hier lebenden Insekten. Interessante Vertreter sind das Fleisch fressende Fettkraut oder der Rundblättrige und der Langblättrige Sonnentau, die sich den im Moor nur spärlich vorhandenen Stickstoff durch eine Beikost in Form von Insekten beschaffen. Wir finden hier seltene Orchideen wie die Weiße oder Echte Sumpfwurz, das Breitblättrige, das Gefleckte und das Fleischfarbene Knabenkraut und als besondere Rarität Traunsteiners Knabenkraut und das in ganz Europa gefährdete Glanzknabenkraut. Reich bestückt ist auch die Vogelwelt mit 114 verschiedenen Brutvögeln; Libellen wurden 52, Laufkäfer 88 und Tagfalter und Widderchen 61 Arten gezählt. Insgesamt hat man bisher rund tausend Tierarten nachgewiesen.

Radtourvorschlag

Wir fahren erst neben der B 465 durch das Ried ein Stück nach Norden, gleich danach weist uns das Schild »Willis« nach rechts. Wir rollen geradeaus in den Wald hinein, danach steigt es kurz an nach Friedlings. Hier folgen wir der Straße nach rechts, wieder bergab und nach einer Rechtskurve nach Dietmanns.

Im Ort geht es erst nach links (Richtung Ochsenhausen), kurz danach nach rechts auf einer geraden Straße nach Rupprechts. Davor zieht die Straße nach links, führt bergab und unten nach rechts, wieder hinauf nach Hauerz. Hier biegen wir nach rechts in Richtung Bad Wurzach ab, kurz danach nach links in Richtung Steinental. Es geht nun etwas bergab; noch vor dem Bach aber zweigen wir nach rechts ab in Richtung Linden.

Wir fahren durch ein idyllisches Wiesental bis zur Landstraße, überqueren diese und radeln nach Linden geradeaus weiter. Unser Weg führt erst ein Stück am Waldrand entlang, dann kurz durch den Wald und dahinter wieder über Wiesen. In Seibranz rollen wir nach dem Pferdehof nach rechts bergab zur Landstraße, dort halten wir uns links. Es geht nun durch den Ort hindurch, etwas nach der Kirche biegen wir nach rechts ab und kommen nach Starkenhofen. Hier im Weiler orientieren wir uns an dem Schild »Reichenhofen«. Das Sträßchen zieht nach links und bringt uns vorbei am aussichtsreichen Wachbühl. Dahinter durchfahren wir ein Waldstück und können es dann steil bergab laufen lassen bis Reichenhofen.

Gleich am Ortsanfang, beim Sportplatz, biegen wir nach rechts ab. Bald sind wir in Diepoldshofen. Dahinter geht es erst am Bach entlang, dann ein Stück durch den Wald und schließlich durch Wiesen nach Bauhofen. Hier zweigen wir nach links ab nach Riedlings, überqueren dahinter die B 465 und radeln bis zur nächsten Landstraße. Danach fahren wir noch kurz geradeaus weiter (Richtung »Ziegelwerk«). Nach etwa hundert Metern biegen wir aber nach rechts ab. Der Weg steigt nun an in den Wald. Immer geradeaus fahrend verlassen wir ihn nach dem Wasserbehälter wieder und rollen erst leicht, dann steiler bergab hinunter nach Ziegelbach. Wo wir im Ort auf die Landstraße treffen, nehmen wir die Krattenbacher Straße, die nach rechts führt. Sie bringt uns, erst bergauf, dann wieder hinab, nach Bad Wurzach. Im Ort an der Durchgangsstraße halten wir uns links und fahren zurück zum Ausgangspunkt.

Da die Radtour nicht allzu lang ist, hat man vorher oder nachher noch Kraft zu einem Spaziergang ins Wurzacher Ried. Am Westende des Freibads können wir hierzu dem Weg nach rechts folgen, so lange gehen, wie wir Lust haben und dann auf dem gleichen Weg zurückkommen.

Ausgangspunkt: Bad Wurzach, Frei- und Hallenbad.
Zeit: Etwa 3–4 Std.
Länge: Etwa 42 km.
Höhenunterschied: Etwa 300 m.
Empfohlene Wanderkarte: Freizeitkarte F 530, Wangen im Allgäu, und Freizeitkarte F 528 Biberach an der Riß, beide Landesvermessungsamt Baden-Württemberg.
Öffentliche Verkehrsmittel: Bahn bis Biberach, Leutkirch oder Memmingen, ab hier Bus.
Sonstiges: Die Strecke verläuft auf Feld- und Waldwegen und Sträßchen. Die Anstiege verteilen sich angenehm über die gesamte Tour. Als Abschluss lockt ein Bad im Moorfreibad.
Informationen: Naturschutzzentrum, Rosengarten 1, 88410 Bad Wurzach, Tel. 0 75 64/9 31 20, Mo–Sa 13.30–17.00, Sa, Fei 10.00–17.00.
Kurverwaltung, Mühltorstr. 1, 88410 Bad Wurzach, Tel. 0 75 64/30 21 50, Mo 8.30–17.00, Di–Fr 9.00–17.00, Sa 10.00–12.00, www.bad-wurzach.de

3 Ein Vogelparadies
Der Rohrsee

Der Rohrsee südlich von Bad Wurzach dient zahlreichen, zum Teil seltenen Vogelarten als Brutgebiet. Im Frühjahr ist die Luft in Ufernähe oft von lautem Vogelgeschrei erfüllt. So ist es kein Wunder, dass der See seit 1938 mit einer Fläche von rund hundert Hektar unter Schutz gestellt ist. Sein Aussehen ist von Inseln geprägt, von denen einige der kleinen bei niedrigem Wasserstand sogar zu Fuß zu erreichen sind. Auf den beiden größeren wachsen Eschen, Stieleichen, Fichten und Waldkiefern.

Der See ist ein ehemaliger Toteissee im Bereich einer Jungendmoräne aus der Würmeiszeit. Er wird ausschließlich vom kleinen Rohrbach und Niederschlägen gespeist, so dass sein Wasserspiegel starken Schwankungen unterworfen ist. Für die Vögel ist dies jedoch ein Gewinn, da sie bei Niederwasser am Ufer auf den Schlamm- und Kiesbänken auf Futtersuche gehen können.

Die Wasserfläche wird durch große Felder der Weißen Teichrose (Nymphaea alba) und verschiedenen Laichkraut-Arten (Potamogeton spec.) belebt; in flacheren Bereichen wächst der Wasserknöterich (Polygonum amphibium). An den Ufern und in den Verlandungszonen der Inseln findet man einen ausge-

Im Frühjahr ist die Umgebung vom lauten Kreischen der Vogelscharen erfüllt.

dehnten Schilfgürtel mit Gelber Schwertlilie und Breitblättrigem Rohrkolben, in etwas größerer Entfernung ein Großseggenried mit Steifer Segge (Carex elata), Blasen-Segge (Carex vesicaria) und Sumpf-Labkraut (Galium palustre).

Wandervorschlag

Eine Wanderung direkt am Seeufer kann man nicht durchführen, allenfalls in etwas weiterer Entfernung. Man geht hierzu von Rohrbach nach Rohr. Dort orientiert man sich zum See, spaziert nach Westen zum Wäldchen Hasbach, von hier aus nach Norden und über die Anwesen Failers und vorbei am Hof Schrenkes zurück.

Ausgangspunkt: Rohrbach oder Rohr.
Zeit: Etwa 1 Std.
Länge: Etwa 6 km.
Empfohlene Wanderkarte: Freizeitkarte F 530, Wangen im Allgäu, Landesvermessungsamt Baden-Württemberg.
Informationen: Kurverwaltung, Mühltorstr. 1, 88410 Bad Wurzach, Tel. 0 75 64/30 21 50, Mo 8.30–17.00, Di–Fr 9.00–17.00, Sa 10.00–12.00, www.bad-wurzach.de

4 Im Reich der Mönche
Um das Lochmoos

Das Lochmoos, ein lang gestreckter Niedermoorkomplex, liegt am Rand des Altdorfer Waldes östlich von Weingarten. Seit 1993 stehen zusammen mit dem Bannbühlweiher 55 Hektar unter Schutz.

Das Moor entstand in der Nacheiszeit aus einigen kleineren Eisstauseen und Versumpfungen. Aufgrund des großen Wasserangebotes begründeten bereits im frühen Mittelalter Mönche des Klosters Weingarten das künstliche Kanalsystem des »Stillen Baches« – es besteht heute noch –, mit dem einst zwölf Weiher und mehrere Mühlen unterhalten wurden. Bei dem Wassergraben im Lochmoos handelt es sich um den Oberlauf dieses Wassersystems; er war früher nicht nur der Mühlkanal, sondern er diente – wie auch der Bannbühlweiher – zugleich der Zucht von Forellen und Krebsen.

Die Moorflächen wurden bis in die fünfziger Jahre auch zur Torfgewinnung genutzt, und fast die gesamte Schutzfläche diente bis vor einigen Jahrzehnten noch als einmähdige Streuwiese zur Futtergewinnung. Ab etwa den achtziger Jahren fielen einige Wiesen brach, andere wurden kräftig gedüngt und in zweimähdige Futterwiesen umgewandelt. Bei den Streuwiesen handelt es sich vor allem um so genannte Enzian-Pfeifengraswiesen mit einer außerordentlich großen Artenvielfalt. Die extensiv genutzten Flächen weisen im Gegensatz zu den gedüngten eine Vielzahl von Blütenpflanzen auf; das Vorkommen von Moosbeeren oder des Alpen-Wollgrases zeigt die Entwicklung zum Übergangsmoor. Eine außergewöhnliche Pflanzenvielfalt beherbergen auch die Erlenbruchwälder, die Wassergräben und der ehemalige Fischteich.

Wie in jedem Niedermoor trifft man im Lochmoos auf eine sehr große Zahl von Schmetterlingsarten (bislang hat man 169 nachgewiesen). Ebenso findet man aber auch zahlreiche Heuschrecken, Libellen und Wanzen sowie sieben Amphibienarten, die insbesondere im Bannbühlweiher laichen. Das Moor bietet einen Lebensraum für bedrohte Tiere wie beispielsweise den Steinkrebs oder die Ringelnatter.

Das Lochmoos bietet sich für gemütliche Spaziergänge im Flachen an.

Wandervorschlag

Wir nehmen den Weg, der von der Straße wegführt. Nach wenigen Minuten, nach einem kleinen Baumstück, gehen wir nach links zu der kleinen Holzhütte; gelegentlich sehen wir das Wanderzeichen »blaues Kreuz« oder einen Wegweiser. Kurz nach der Hütte treffen wir auf einen Weg, dem wir nach rechts folgen, entlang des Lochmooses. Bald darauf geht er in einen Naturweg über, etwas später führt er uns in den Wald. Wir behalten immer unsere Richtung bei, bis wir auf einen querenden, mit dem Zeichen »blauer Strich« markierten Waldweg stoßen. Wer möchte, macht nach links noch einen kleinen Abstecher zum Hinteren Truchsessenweiher, ansonsten zweigen wir nach rechts ab, immer dem Wanderzeichen folgend. Bald sind wir am Unteren Kählesbühlweiher, ab hier gilt für uns auch das Zeichen »blaues Kreuz«. Wir biegen nach rechts ab und stoßen bald darauf auf den Bannbühlweiher. Wir gehen weiter und kommen auf den Weg, den wir noch vom Beginn der Tour her kennen und spazieren zurück zum Ausgangspunkt.

Ausgangspunkt: Parkplatz am Waldrand östlich von Weingarten, nach Hintermoos.

Zeit: Etwa 1 Std.

Länge: Etwa 6 km.

Empfohlene Wanderkarte: Freizeitkarte F 529, Östlicher Bodensee, Landesvermessungsamt Baden-Württemberg.

Informationen: Stadtverwaltung, Kirchstr. 1, 88250 Weingarten, Tel. 07 51/40 50, www.weingarten-online.de

5 Hochmoor und Niedermoor
Gründlenried und Rötseemoos

Eines der interessantesten und reizvollsten Moorgebiete im Bereich württembergisches Allgäu/Oberschwaben ist das Gründlenried nördlich von Kißlegg. Es liegt im Gebiet der Wasserscheide zwischen der Wolfegger Ach, die zum Rhein hin fließt und dem Rotbach, der zur Donau orientiert ist. Das ausgedehnte Moor ist durch mehrere felsige Bergrücken zergliedert und gehört zu den am besten erhaltenen der Gegend. Das rund 385 Hektar große Schutzgebiet Gründlenried-Rötseemoos wurde 1983 unter Schutz gestellt.

Das Gründlenried liegt zwischen den Zügen einer äußeren und inneren Jungendmoräne in einem einst abflusslosen Becken des Rheingletschers. Die Gletscher der Eiszeiten schürften Mulden aus, in denen Niedermoor wuchs. Da aber für diese Niedermoore im Laufe ihres Wachstums nährstoffreicheres Wasser nicht mehr erreichbar war, wandelten sie sich in Hochmoor um. Im Zentrum der beiden Gebiete befinden sich relativ unberührte Hochmoore. Ursprünglich gab es zwei Vermoorungszentren, die durch einen Rücken mit mineralischem Untergrund voneinander getrennt waren. Dieser wurde jedoch im Laufe der Zeit vom Moor überwachsen, so dass heute nur noch seine höchsten Bereich, Gründlenholz, Burgstall und Gerstenberg, inselförmig herausragen.

Das Gründlenried diente nur im Randbereich der Torfgewinnung, während im Falle des Rötseemoos das gesamte Gebiet östlich des Rötsees verarbeitet wurde. Umgeben sind die Hochmoore von Niedermooren, die durch Düngung und Meliorationen (Maßnahmen zur Wertsteigerung des Bodens, z. B. Be- oder Entwässerung) ihren ursprünglichen Charakter verloren.

Das Gründlenmoor ist ein Spirkenmoor und im Zentrum nahezu unbewaldet, da es sehr nass ist. Hier findet man einen ausgedehnten Schlenkenkomplex, d. h. Vertiefungen, in denen sich Wasser ansammelt. Etwas Besonderes ist der Schlucktrichter: Das oberflächlich anfallende Wasser fließt nicht in einem Bach ab, sondern verschwindet durch diesen Trichter im Untergrund und strömt dort zum Kißlegger Obersee. Im Bereich des Gründlenrieds befindet sich auf einem aus dem Ried aufragenden Hügel auch ein »Burgstall«, also der Platz einer ehemaligen, mittlerweile

Der Rötsee weist recht idyllische Landschaftsbilder auf.

abgegangenen Burg. Der Wermutstropfen für Wanderer: Da der Schlenkenkomplex wie auch der Schlucktrichter im Bereich der sehr nassen und trittempfindlichen Hochmoorvegetation liegen, ist das Betreten dieses Bereichs von der Naturschutzverordnung verboten. Es führen aber Wanderwege durch das Ried.

Besser betreten werden kann hingegen das trockenere Rötseer Moos. Es ist überwiegend bewaldet, man findet aber in den Torfstichen eine reiche Sekundärvegetation. Am künstlich angelegten Rötsee brüten zahlreiche Wasservögel, die sich von der Straße aus gut beobachten lassen. Das Moor entstand als Ausweitung einer Abflussrinne für Schmelzwasser während der Würmeiszeit.

Im Hochmoor wachsen verschiedene Torfmoose, Moosbeeren und Rosmarinheide, an weniger feuchten Stellen Heidekraut oder die Moorkiefer, zum Rand hin auch Fichten. Wenige Stellen sind heute noch von den Pflanzengesellschaften des Kalkflachmoors besiedelt. Als Besonderheit der Fauna lässt sich der Hochmoorgelbling nennen, ein Eiszeitrelikt unter den Schmetterlingen. In den beiden Hochmooren befanden sich früher ausgedehnte Niedermoore, durch die sich zahlreiche Bäche schlängelten. In den dreißiger Jahren wurden diese jedoch begradigt und tiefer gelegt.

Radtourvorschlag

Man kann zwar die Moore auf verschiedenen Wegen erkunden, aber auch mit dem Rad umfahren, was ebenfalls seine Reize hat, wie unsere Tour zeigen soll.

Wir verlassen Kißlegg nördlich in Richtung Arnach. Gleich nach der Bahnlinie biegen wir nach rechts ab, kurz darauf halten wir uns links in Richtung Stolzensee. Wir radeln an diesem See entlang zum gleichnamigen Anwesen, durchfahren den dahinter liegenden Baierhof und erreichen den Wald. Dahinter kommen wir an Hasenfeld vorbei, kurz danach zweigen wir nach links ab. Es geht gleich darauf durch ein Waldstück zwischen Gründlenried und Rötseemoos, hier bewährt sich ein stabiles Rad. Nach diesem Wald kommen wir nach Blöden, danach liegt rechts der Rötsee recht idyllisch vor einer kleinen Kirche.

An der Landstraße halten wir uns links; wo sie aber gleich darauf nach rechts zieht, fahren wir geradeaus weiter. Wir kommen nach Übendorf, wo wir nach links radeln. Über Rahmhaus erreichen wir Immenried. Hier biegen wir vor der Kirche nach links ab (nicht die erste nach links führende Straße nach »Eberharz« nehmen!). Immer auf diesem Sträßchen bleibend fahren wir über Rempertshofen zurück nach Kißlegg.

Ausgangspunkt: Kißlegg.
Zeit: Etwa 1–2 Std.
Länge: Etwa 17 km.
Empfohlene Wanderkarte: Freizeitkarte F 530, Wangen im Allgäu, Landesvermessungsamt Baden-Württemberg.
Öffentliche Verkehrsmittel: Bahnstation.
Sonstiges: Man sollte ein stabiles Rad benutzen.
Informationen: Gäste- und Kulturamt, Neues Schloss, 88353 Kißlegg, Tel. 0 75 63/93 61 43, www.kisslegg.de

6 Orgeln, aber nicht in der Kirche
Die geologischen Orgeln bei Bossarts

Ein einzigartiges Naturphänomen sind die geologischen Orgeln bei Bossarts in der Nähe Ottobeurens, das ja vor allem für seine weltberühmte Basilika bekannt ist. Es handelt sich hierbei um rund 15 Meter lange, röhrenförmige Hohlräume in einer Felswand, die bei Wind wie eine Orgel pfeifen. Allerdings haben sie ihren Namen nicht von der Musik, sondern von ihrem Aufbau, stehen sie doch wie Orgelpfeifen nebeneinander am Hang. Sie entstanden vor rund 500 000 Jahren in einer von den Eiszeiten bestimmten Periode. Der Schotter, aus dem die Orgeln bestehen, stammt aus der Günzeiszeit.

Damals wurden gewaltige Massen an Schotter aus dem Gebirge und seinen Flusstälern ins Vorland transportiert; hier füllten sich die Täler, und Schmelzwässer verbreiteten den Schotter fächerförmig über das Land. Die geologischen Orgeln liegen in einer Hochebene, dem so genannten Hochfeld, das vom Schmelzwasser des Illergletschers aufgefüllt wurde. Allerdings begann das Wasser auch gleich mit seiner Zerstörungsarbeit: Das eindringende Sickerwasser löste das Kalkgestein in den Schottern, die mittlerweile zu Nagelfluh verbacken worden waren, auf, so dass sich Verwitterungsschichten aus rötlich-braunem Lehm bildeten. Sie erstreckten sich zapfenförmig in den Schotter hinein, das Wasser arbeitete sich durch, und so vertieften sich die Trichter. Aus ihnen bildeten sich die so genannten Schlotten oder Orgeln, also die Höhlen, die aus dem eiszeitlichen Flussschotter heraus erodiert wurden. An der Tiefe der Schlotten erkennt man, welche die älteren sind. An jüngeren Schottern kann man nachvollziehen, wie die Trichterbildung beginnt, so z. B. in den Kiesgruben bei Benningen (aus der Risseiszeit).

Wandervorschlag

Wir suchen uns bei Bossarts eine Parkmöglichkeit am Straßenrand. Beim ersten Gehöft (von Süden her gesehen) führt der Weg zum westlich gelegenen Waldrand, hier einige Meter nach links und dann auf steilen Stufen hinab zu den Orgeln.

Anschließend gehen wir auf dem Weg unterhalb des Traufs oder auf dem Sträßchen nach Norden bis zum Waldrand; hier

Ein steiler Felsenweg führt zu den geologischen Orgeln.

folgen wir dem mit dem gelben Kreuz markierten »Kneipp-Wanderweg« in nordöstliche Richtung (manchmal ist auch »Ottobeuren« angezeigt). Es geht erst am Waldrand entlang bergab, im Talboden angelangt behalten wir unsere Richtung bei, überqueren einen Bach und halten uns dahinter links. Kurz darauf werden wir nach rechts verwiesen, gleich darauf wieder nach links. Es geht hinauf zu einem Sträßchen; ihm folgen wir bis auf die Höhe kurz vor Niebers. Hier biegen wir nach rechts ab, kommen zum Schiessenhof, dahinter durch ein Waldstück und anschließend bei Klessen zur Straße. Wir zweigen nach rechts ab, es geht zuerst hinab und dann wieder hinauf. Schließlich treffen wir auf das Sträßchen, das uns rechts zurück nach Bossarts bringt.

Ausgangspunkt: Bossarts.
Zeit: Etwa 1 1/2 Std.
Länge: Etwa 6 km.
Höhenunterschied: Etwa 50 m.
Empfohlene Wanderkarte: Blatt L 8126 Memmingen, Bayerisches Landesvermessungsamt.
Sonstiges: Die Tour verläuft meist auf befestigten Wegen und Sträßchen, kurze Stücke auch auf Natur- oder Waldwegen. Es empfiehlt sich ein Besuch im nahe gelegenen Ottobeuren.
Informationen: Touristikamt, Marktplatz 14, 87724 Ottobeuren, Tel. 0 83 32/92 19 50, www.ottobeuren.de

7 Felsen zum Gruseln
Die Teufelsküche

Teufelsküchen oder ähnlich benannte Naturphänomene findet man in vielen Gegenden; meist werden damit riesige, urweltartig aussehende Felsformationen bezeichnet, deren Entstehung man sich früher nicht erklären konnte. Auch das Trümmerfeld nördlich von Obergünzburg mit den riesigen und zum Teil überwucherten Felsblöcken hat die Phantasie der Menschen zu dieser Namensgebung inspiriert.

Die Teufelsküche ist ein Steilabfall mit fast alpinen Landschaftsbildern. Sie liegt ungefähr zwischen Obergünzburg und Ronsberg. Nach Seesen verengt sich das Tal und an der östlichen Flanke findet man zerrissene Steilwände und mächtige Felsklötze aus Nagelfluhgestein. Aus der Höhe, auf der einst auch eine Burg stand, stürzten früher große Mengen von Felsen ins Tal herab, so dass heute riesige Brocken unter der Wand liegen, mit tiefen Spalten und Schlünden, wild überwachsen von Bäumen, Buschwerk und Gestrüpp. Auf einem schmalen Weg lässt sich diese Wildnis umrunden.

Die Entstehung kann man sich wie folgt erklären: Eine Zunge des Illergletschers reichte von ihrem Abzweig bei Durach bis ins Tal der östlichen Günz. Dessen Schmelzwässer haben zwar das breite Günztal ausgeräumt, konnten aber nach dem Zurückweichen des Gletschers den Sattel zwischen Immenthal und Wildpoldsried nicht mehr durchschneiden. Um Obergünzburg folgen Moränen der Würm-, Riss- und Mindeleiszeit und noch ältere Ablagerungen hinter- und aufeinander. So fand auch der als Eiszeitforscher bekannte Pfarrer von Obergünzburg, Dr. Barthel Eberl, hier ein reiches Betätigungsfeld.

Die Schmelzwässer der Mindeleiszeit breiteten nun mächtige Schotterfelder über das Alpenvorland aus, die sie als Ablagerungen zurückließen. Der Steilabfall des Günztales wurde aus dem mächtigen, grobblockig zu Nagelfluh verbackenen und gut verfestigten Gestein gebildet, das knapp unterhalb der Hangschulter zu beiden Seiten der östlichen Günz das Tal säumt. Der Mindelschotter liegt hier auf dem Schotter der Günzeiszeit; dieser bildet als Deckschicht der tertiären Landoberfläche zwar den Sockel der Steilwand, ist aber nun von den herabgestürzten Massen aus der Mindelzeit größtenteils verschüttet. Beide Schotterarten

Die mächtigen Felsformationen der Teufelsküche tragen ihren Namen nicht zu Unrecht.

sind mittlerweile so gut zu Nagelfluh verbacken, dass sie sogar zum Klettern benutzt werden können.

Die aus dem groben Mindelschotter bestehende Steilwand geht nach oben hin in eine noch grobblockigere, aber ebenfalls verfestigte Moräne aus der Mindelzeit über. Dieser jüngere, innere Moränenwall wurde auf den Schotter des älteren Mindelstadiums genauso hinaufgeschoben wie das Mindel- auf das ältere Günzmaterial. Ganz oben findet man eine noch wenig verfestigte Moräne aus der jüngeren Risseiszeit. Geologisch gesehen kann man auf dem feinkörnigen Nagelfluh des Günzschotters die groben und gut verfestigten Nagelfluhbänke des Mindelschotters unterscheiden.

Neben diesen nüchternen wissenschaftlichen Erklärungen gibt es natürlich auch die Legenden, die sich um diesen Ort ranken: Von der Teufelsküche wird erzählt, dass es dort eine Höhle gebe, in der ein Teufel sitzt, der den Menschen, die sich in die Wildnis hineinwagen, auflauert. Dort soll sich auch eine Truhe mit Gold befinden – doch diese wird von einem Pudel mit feurigen Augen bewacht. In diesem unheimlichen Tier haust der Geist eines Menschen, der das Gold auf unredliche Art an sich gebracht und hier vor den Schweden versteckt hat. Als Strafe darf er nach seinem Tode nicht ruhen, sondern bleibt der ewige Wächter des Goldes. Und am Högelstein sollen früher feurige Geister miteinander gekämpft haben, bis sie von einem Kapuzinermönch erlöst wurden. Von einer anderen Sage erzählt das folgende Gedicht, das an einem Felsen der Teufelsküche angebracht ist:

»Als hier vor vielen hundert Jahren
Manch wild Getier und Bären waren
Erkor ein Mann als sichren Hort
Für Frau und Kind sich diesen Ort
Weil er noch nicht gekannt das Haus
Grub er sich eine Höhle aus
Sie lebten gut in jenen Tagen
Mit Pfeil und Bogen ging er jagen
Viel junges Wild und frische Fische
Gab es in seiner Felsenküche
Des Nachts wenns kalt und sternenhell
Sie wärmten sich am Bärenfell
So lebten sie hier viele Jahre
Gesund und ohne Müh und Plage
Zu Trinken gab es Beerenwein
Und so schlich sich das Unheil ein
Der blauen Kirschen gift'ger Saft
Hat Weib und Kind dahin gerafft
Bevor das Gift auch ihn zernagte
Er bitterböse Worte sagte
Dem so berichtet die Legende
War des ›Teufelsküche‹ Ende«

Doch zurück zur heutigen Landschaft: Bei einem Waldspaziergang findet man Hexenkraut, Wald-Ziest, Einbeere, Bingelkraut und Waldmeister; nördlich der Teufelsküche am Weg nach Ronsberg sogar den Aronstab. Man trifft hier aber auch auf Pflanzen, die sonst nur noch im Alpenraum wachsen. Sie haben sich auf der Flucht vor Gletschern als Glazialrelikte angesiedelt. Dazu gehören der Grüne Streifenfarn, die Zierliche Glockenblume, Brauner Streifenfarn, Mauerraute, Blasenfarn, an humusreicheren und hellen Stellen Leberblümchen, Wald-Labkraut, Mauerlattich und Ruprechtskraut, dazu verschiedene Arten von Flechten, Laub- und Lebermoosen.

Auf dem Rückweg der empfohlenen Tour blickt man auf die malerischen Mäander der Günz, die in ihrem breiten Tal viel Platz hat, um ihre Schlingen zu legen. Dazwischen findet man schöne Streuwiesen und Niedermoore, ein reizvoller Gegensatz zu den herrlichen Buchenwäldern am Gegenhang, wo sich die Teufelsküche befindet. Am Weg wächst ein schmaler Saum von trockenheitsliebenden Pflanzen: milder Mauerpfeffer, Tauben-Skabiose, Skabiosen-Flockenblume, Schiller- und Zittergras, Sonnenröschen, Kleiner Wiesenknopf, Echter Ziest und Fiederzwenke.

Wandervorschlag

Wir fahren ab Obergünzburg nach Norden durch das Günztal. Kurz nachdem nach links ein Sträßchen nach Liebenthann abgeht, liegt rechts ein Parkplatz. Ab hier gehen wir auf dem unbefestigten Pfad in den Wald hinauf. Nach kurzem Aufstieg können wir nach rechts zu einem geschotterten Waldweg abbiegen, ihm folgen wir links hinauf. Er beschreibt eine Kurve, danach verzweigt sich der Wanderweg »R 2«. Rechts davon liegt das Massiv der Teufelsküche, das wir nun aufsuchen sollten. Ansonsten biegen wir nach links ab und spazieren relativ eben unterhalb des Traufs, bis wir nach einiger Zeit den Wald verlassen.

Wir stoßen hier auf die ersten Häuser von Ronsberg. Wir gehen nach links hinab zur Straße und auf ihr angelangt nach rechts. Nach einer Brücke über den Bach biegen wir nach links ab, nach der ehemaligen Burgmühle nochmals nach links. Nun spazieren wir im Tal der mäandernden Günz auf dem Ostallgäuer Wanderweg nach Süden bis zu zwei Anwesen, eines davon ist die ehemalige Schlossmühle der Burg Liebenthann, die bis 1916 noch in Betrieb war. Hier halten wir uns links zur Straße und gehen auf ihr nach links zurück zum Ausgangspunkt.

Ausgangspunkt: Günztal, nördlich von Obergünzburg.
Zeit: Etwa 2 Std.
Länge: Etwa 8 km.
Höhenunterschied: Etwa 60 m.
Empfohlene Wanderkarte: Blatt UK L 19 Kaufbeuren Marktoberdorf, Bayerisches Landesvermessungsamt.
Öffentliche Verkehrsmittel: Busverbindung nach Ronsberg.
Sonstiges: Die Tour verläuft zumeist auf befestigten Wegen.
Informationen: Tourismusverband, Unterer Markt 21, 87634 Obergünzburg, Tel. 0 83 72/72 11, Mo–Sa 9.00–12.00, Mo–Fr 14.00–18.00, www.oberguenzburg.de

8 Dramatische Felsen, urige Landschaft
Illerdurchbruch bei Kalden

Eine Landschaft wie die um den Illerdurchbruch bei Altusried wird anderswo als dramatisch bezeichnet. Hier verspürt man jedoch die Wohltaten einer stillen Idylle, wo man nur den Fluss plätschern und die Vögel zwitschern hört. Die für das Allgäu etwas ungewohnte Szenerie ist geprägt durch rund 60 Meter hohe Felswände aus lockerem, gelben Gestein, die zur Schleife der Iller abstürzen, und Auwiesen mit Schilfbeständen sowie seltene Flora und Fauna. Oberhalb gibt es einige reizvolle Aussichtspunkte. Um die Ruine Kalden findet man geschützte Pflanzenbestände, darunter lila Anemonen.

An dieser Stelle befand sich einst der nacheiszeitliche Kemptener See, der sich nach dem Zurückweichen des Illergletschers in dessen Zungenbecken aufgestaut hatte. In seinen südlichen Teil ergoss sich das Schmelzwasser des immer weiter zurückweichenden Eises, wobei ein mächtiges Flussdelta mit seewärts geschichteten Sanden und Kiesen aufgebaut wurde. Später wurde dieses Delta von der Iller bis auf wenige Reste wieder ausgeräumt. Der einzige Überlauf dieses Sees befand sich bei Kalden, wo sich die Iller immer tiefer einsägte, bis der See entleert war. Somit entstand das tiefe Tal also erst nach der Eiszeit.

Die Iller durchschneidet an dieser Stelle die Endmoränen der Gletscher aus der Riss- und Würmeiszeit und sägte sich im Laufe der Zeit tief in die waagrecht geschichteten tertiären Sande und Mergel der Oberen Süßwassermolasse ein. Während das Flussbett also immer tiefer gelegt wurde, blieben die ehemaligen Prallhänge als ausgeprägte Steilstufe stehen. Bei Kempten beträgt der Höhenunterschied bis zu dreißig Meter, bei Altusried sogar bis zu sechzig Meter. Das Steilufer in der canyonartigen Schlucht ist ein wertvoller Fundort für seltene Fossilien, Knochen, Muscheln und Blätter. So fand man u. a. die Reste einer etwa einen Meter großen Alligatorschildkröte, die vor zehn bis zwölf Millionen Jahren lebte.

Wandervorschlag

Es gibt zwei Möglichkeiten, diese herrliche Landschaft kennen zu lernen, beide sollen hier vorgestellt werden. Der erste Vorschlag führt uns hoch zum Steilabfall, dann hinab zum Fluss, beim

Der Weg aus Richtung Sachsenried führt durch romantische Auwiesen zu den Felsen.

zweiten spazieren wir auf der anderen Seite direkt zum Flussufer mit der sehenswerten Auenlandschaft.

Die erste Tour beginnt nördlich der Kirche von Altusried. Wo die Durchgangsstraße um neunzig Grad abknickt, nehmen wir erst die Kaldener Straße, dann die Flößerstraße in Richtung Hörgers/Fischers. Nach dem Neubaugebiet geht es etwas nach rechts versetzt weiter, über Hörgers und Kuppel hinab nach Fischers. Hier sehen wir auch zum ersten Mal die gewaltigen Felsmauern des Illerdurchbruchs. Nach dem ersten Haus von Fischers werden wir nach links nach Kalden verwiesen. Es geht nun wieder bergauf, erst etwas zurück, dann nach rechts. Wenn wir den Wald verlassen, gehen wir nach rechts direkt am Steilabbruch auf dem Pfad über die Wiesen weiter. Bald steigen wir nach rechts über Stufen hinab zum Turm der Ruine Kalden.

Auf der anderen Seite der Fläche des Burgstalls, links vom Aussichtspunkt, setzt sich unser Weg fort, nun steil hinab in Richtung »Briels Betzers«. Unten angekommen können wir an der Ruine der ehemaligen Knochenstampfe (1385 als »Bruel« erstmals erwähnt, ab 1934 Elektrizitätswerk, 1952 abgebrochen) nach rechts hinaus zur Iller gehen. Zurück wandern wir denselben Weg.

Beim zweiten Vorschlag parken wir auf der anderen Flussseite beim Sachsenrieder Weiher, spazieren auf dem Sträßchen nach Sachsenried und durch den Weiler hindurch. Kurz danach werden wir nach links nach Pfosen verwiesen. Durch den Wald, schließlich in einer Art Hohlweg erreichen wir dieses Haus, danach kommen wir zu den Wiesen direkt am Flussufer. Auch hier gehen wir denselben Weg zurück.

Ausgangspunkt: Altusried bzw. Sachsenrieder Weiher.
Zeit: Je etwa 2 Std.
Länge: Ab Altusried etwa 8 km, ab Sachsenrieder Weiher etwa 5 km.
Höhenunterschied: Je etwa 120 Meter.
Empfohlene Wanderkarte: Blatt 23 Bad Waldsee Isny, Landesvermessungsamt Baden-Württemberg bzw. TK L8126 Memmingen, Bayerisches Landesvermessungsamt.
Öffentliche Verkehrsmittel: Bus nach Altusried.
Sonstiges: Die Wanderung verläuft auf befestigten Wegen, teilweise auch auf Naturpfaden. Im Bereich um die Ruine und hinab zur Iller ist Trittsicherheit notwendig. Bademöglichkeit im Sachsenrieder Weiher.
Informationen: Verkehrsamt, Hauptstr. 18, 87452 Altusried, Tel. 0 83 73/70 51, Mo–Mi, Fr 9.00–12.00, Do 15.00–18.00, www.altusried.de

9 Prächtige Urweltlandschaft

Das Taufach-Fetzach-Moos und die Urseen

Diese Wanderung bringt uns eine interessante Moor- und Seenlandschaft nahe. Sie kann für die ganze Familie empfohlen werden. Auch Kinder, die normalerweise nicht unbedingt Freunde von Wanderungen in der Natur sind, gehen in der Regel gerne ins Moor, denn hier lässt sich immer wieder etwas Neues entdecken: interessante Pflanzen, umgestürzte und verfallende Bäume mit krabbelndem Getier, Käfer, Schmetterlinge, Eidechsen und vielleicht sogar die eine oder andere Schlange.

Zwischen Isny und Leutkirch befinden sich zwei Jungendmoränen, zwischen denen während der letzten Eiszeit durch Ablagerungen von Schmelzwasser ein Schotterkörper mit einem reich strukturierten Relief entstand. Die Landschaft ist heute allerdings bis auf die höchsten Erhebungen nahezu eingeebnet. Das Becken wurde nach den Eiszeiten durch angeschwemmtes Material der Eschach abgedichtet, woraufhin die vorhandenen Toteislöcher vermoorten und sich eine zentrale Hochmoorkappe bildete. Durch das Wachstum des Moores wurde das ursprüngliche Gelände bis auf wenige Ausnahmen eingeebnet. Da in den Randbereichen immer wieder kalk- und nährstoffreiches Wasser aus der nahe liegenden Endmoräne zufloss, wurde die Bildung des Hochmoores gestört, so dass sich im östlichen Bereich nur Niedermoortorfe ablagern konnten.

Aus Toteislöchern, in denen abgebrochene Eisbrocken eingeschlossen waren, entstanden Hohlformen. Zwei dieser Eislöcher enthalten heute noch Wasser: beide Urseen, außerdem im nördlichen Teil des Schutzgebietes noch mehrere kleinere Gewässer. Obwohl die Urseen durch ihre Entstehung aus Toteislöchern die gleiche Entwicklungsgeschichte haben, weisen sie unterschiedliche Charakteristika auf: Aufgrund menschlicher Eingriffe ist der Nährstoffgehalt des größeren Sees höher. Sein steil abfallendes Ufer hat bis jetzt eine Verlandung verhindert. Der kleine, ebenfalls noch nicht verlandete See besitzt nährstoffarmes Braunwasser, eine Seltenheit im Bereich württembergisches Allgäu/Oberschwaben. Die Farbe wird von den Huminsäuren verursacht, die die benachbarten Hochmoore einschwemmen. Im See findet man eine seltene Reliktgesellschaft der Kleinen

Im Moor kann man immer auch für Kinder interessante Landschaftsbilder finden

Teichrose (Nupharetum pumili). Im Norden und im Osten des Kleinen Ursees erstrecken sich ausgedehnte Übergangsmoore.

Die Moore sind ausgeprägte Spirkenmoore, in denen man nur noch Vaccinimium-Zwergsträucher und Sumpf-Wachtelweizen findet. Auf den ehemaligen Torfstichen wachsen Übergangsmoore mit eng verzahnten Hoch- und Flachmooren. Wo der Untergrund stärker entwässert ist, dringen auch Gehölze ein.

1974 hat man hier noch 129 Vogelarten, darunter 66 Brutvögel, gezählt. Bei einer weiteren Bestandsaufnahme 1987 waren es aber bereits weit weniger. An Libellen hat man 37 Arten festgestellt. Die Fläche ist mit einer Größe von 315 Hektar seit 1982 geschützt.

Wandervorschlag

Wir verlassen Beuren in östlicher Richtung nach Hedrazhofen. Kurz danach biegen wir nach links ab in Richtung »Lettelesmühle«. Es geht hinab zum Großen Ursee; hinter ihm zweigen wir nach rechts ab. Kurz darauf sehen wir links den Kleinen Ursee. Ab und zu finden wir nun das Wanderzeichen »grüner Punkt«. Wir spazieren auf dem immer urweltartigeren Weg weiter, geradeaus durch eine herrliche Moorlandschaft. Den schmalen Pfad mit den kleinen Bohlenbrücken darf man nicht verlassen, denn links und rechts würde man sofort im Wasser stehen. Schließlich kommen wir wieder in den Wald, nach einiger Zeit gehen wir an einer Verzweigung nach rechts. Kurz darauf treffen wir auf einen Weg, hier biegen wir nach rechts ab. Es geht hinauf bis kurz vor die Landstraße. Dort stoßen wir auf ein asphaltiertes Sträßchen, markiert mit dem Wanderzeichen »roter Strich«, dem wir nach rechts folgen. Über dem See, vorbei an einigen Häusern, spazieren wir zurück nach Beuren.

Ausgangspunkt: Beuren.
Zeit: Etwa 2 Std.
Länge: Etwa 6 km.
Empfohlene Wanderkarte: Freizeitkarte F 530, Wangen im Allgäu, Landesvermessungsamt Baden-Württemberg.
Informationen: Isny Marketing GmbH, Büro für Tourismus, Unterer Grabenweg 18, 88316 Isny, Tel. 0 75 62/98 41 10, www.isny.de
Touristinfo, Marktstr.32, 88299 Leutkirch im Allgäu, Tel. 0 75 61/8 71 54, www.leutkirch.de

10 Moore, was das Herz begehrt
Bodenmöser und mehr

Wer ein Freund von Moorgebieten – im Allgäu Moos genannt – ist, für den ist der Besuch der ausgedehnten Natursehenswürdigkeiten bei Isny im württembergischen Allgäu ein Muss! Unter Bodenmöser wird ein über tausend Hektar großer Komplex von Nieder- und Hochmooren verstanden, die das große Becken westlich von Isny ausfüllen. Die Entwässerung erfolgt zur Argen hin. Der Bodenwald und der Bereich um Gründels bilden im Moorgebiet Inseln mit mineralischen Böden. Die weitläufigen Hoch-, Zwischen- und Niedermoorbereiche konnten sich bis heute noch ihren ursprünglichen Charakter bewahren. Geschützt ist seit 1990 ein rund 612 Hektar großes Areal mit 31 einzelnen Feuchtgebieten. Sie zählen zu den größten noch weitgehend intakten Moorkomplexen des württembergischen Allgäus und gelten als besonders typisches Beispiel für voralpine Moorlandschaften. Die bedeutendsten Moore sind daneben das Harprechtser Moos, das Eisenhammermoos, das Riedmüllermoos, das Rotmoos und das Hasenmoos. Es sind Hoch- und Übergangsmoore, die von Niedermooren umgeben sind.

Die Moore entstammen einem großen nacheiszeitlichen See, der nach dem Abschmelzen des Rheingletschers übrig blieb. Er wurde zwischen Isny und Eisenharz durch Moränen aufgestaut, blieb aber sehr flach, verlandete und vermoorte allmählich. Auf Standorten, die vom Grundwasser beeinflusst wurden, entstanden hierbei Niedermoore mit Birken, Weiden und Faulbaum. Durch das Torfwachstum ging aber der Kontakt mit dem Grundwasser verloren.

Dabei entwickelten sich Kalkflachmoore in den Bereichen, wo kalkreiches Wasser aus den Moränen oder Quellen wie beispielsweise dem Schächele östlich von Isny und der Isnyer Ach zuströmen konnte; sie wurden insbesondere als Streuwiesen (zur Gewinnung von Einstreu im Stall) genutzt. Durch diese extensive Nutzung entstand eine reiche Flora und Fauna mit sonst seltenen Exemplaren. Hier ist das einzige Gebiet in Württemberg mit einem Vorkommen von Frühlingskrokus oder der Blauen Heckenkirsche, ja sogar bis vor einigen Jahrzehnten der Alpenrose.

Wo der Untergrund vom basenreichen Wasser unbeeinflusst blieb, wurde er sauer. So entstand ein Seggensumpf, der überwiegend von verschiedenen Riedgräsern bewachsen war. Auf ihm stockte Erlen-Bruchwald, in dem Torfmoose wie Sphagnum-Arten heimisch wurden. Da diese schließlich den Erlenbestand überwuchsen, brach dieser zusammen. Die Konsequenz: Das Gelände erhöhte sich im Laufe der Zeit so stark, dass keine Verbindung zum Grundwasser mehr bestand. Dadurch gewannen Torfmoose, die sich nur aus den Niederschlägen ernährten die Oberhand und wuchsen in den Jahrhunderten immer höher. Der untere Bereich stirbt bei diesem Vorgang ab; da das Bodenmilieu sauer ist, konnten die abgestorbenen Pflanzen nicht zersetzt werden, sondern wandelten sich in Torf um, sie »inkohlten«. So wuchs das Moor immer höher und wölbte sich uhrglasförmig über die Umgebung und den einstigen See hoch. Hier findet man baumfreie Hochmoorflächen, es wächst aber auch die Spirke, eine hochwüchsige Form der Bergkiefer, und bildet einen lichten Kiefernwald mit einem Untergrund aus Zwergsträuchern. Wo der Mensch nicht stört, wächst die Rauschbeere; wo er mit Torfabbau oder Entwässerung seine Spuren hinterlassen hat, findet man Moorheiden mit Heidekraut, Moor- und Waldbirken, oft auch mit Fichten.

Die Moore liegen in einer Höhe von knapp 700 Meter und befinden sich im Regenstau der über 1 100 Meter hohen Adelegg, was hohe Niederschlagsmengen von über 1 300 mm pro Jahr bewirkt. Dadurch konnten sich die Hochmoore, die sich ja allein durch Regenwasser ernähren, so gut entwickeln, dass im Harprechtser Moos ein rund zwölf Meter hoher Hochmoorkörper besteht.

Im Laufe der Jahrhunderte wurden die Moore durch den Menschen unterschiedlich genutzt. Die Hochmoore dienten in der Vergangenheit allgemein zum Torfstich und zur Holzgewinnung, auf den Niedermooren wurde eine extensive Streuwiesenwirtschaft betrieben. So fand in Hochmooren wie dem Riedmüllermoos, dem Gründelsmoos und dem Hasenmoos Torfabbau statt, das Rotmoos diente gar als Müllplatz (!); Niedermoore wurden entwässert (Annaweiher beim Böschleshof westlich von Eisenharz) bzw. aufgeforstet (Bodemer Weiher).

Die Niedermoore wurden bereits im frühen Mittelalter gerodet und als Wiesen und Weiden genutzt. So erinnert der Name des Espantors an die einstige Bewirtschaftung im Rotmoos: »Espan« nannte man die von der Dreifelderwirtschaft ausgenommenen Flächen oder Weideland. Im Laufe der Zeit bildeten sich magere einmähdige Streuwiesen oder zweimahdige Nasswiesen. Von der

Immer wieder hat man einen schönen Blick auf das türmereiche Isny und die Adelegg.

einstigen komplizierten Wässerwiesenwirtschaft zeugen noch historische Gräben in den weiten Niedermoorflächen des Rotmooses. Aus der flachen Umgebung ragen nur der Eisensberg und einige bewaldete Hochmoorflächen heraus. Im Rotmoos wurde ein Naturlehrpfad angelegt, der zeigt, wie Torfabbau und Heckennutzung in den Mooren für die althergebrachte Landwirtschaft funktionierte.

Betrachtet man die jahreszeitliche Uhr in den Nasswiesen, so findet man bereits im Februar die weiße Blüte des Krokus, im März an besonders nassen Stellen den weißen Fieberklee und das Wollgras. Im April blüht der violette Frühlingsenzian und die goldgelb leuchtenden Sumpfdotterblumen. Im Mai sieht man Trollblumen oder die zartrosa Mehlprimeln, außerdem das kleine weiß blühende Alpen-Fettkraut. Am Ende des Sommers, im August, steht die Blüte des Schwalbenwurzenzians an und zeigt den baldigen Beginn der Mahd der Streuwiesen an. Nun ändert sich auch die bunte Blütenpracht: Das ganze Moor glüht jetzt im warmen Rotbraun des Pfeifengrases.

Auch seltenen und vom Aussterben bedrohten Tierarten bieten die Moore Lebensraum. So trifft man im Sommer in den Streuwiesen den Enzianbläuling, außerdem lebt hier die rotschenklige Sumpfschrecke. Libellen legen ihre Eier in den Wassergräben ab, auch die Elritze, ein einst verbreiteter Kleinfisch, oder die Larven des Bergmolches leben hier. An feuchten Stellen in

Gräben oder Wiesen findet man Frösche, an eher trockeneren Standorten Mooreidechsen und Kreuzottern. Unter den Vögeln ist u. a. der Teichrohrsänger vertreten, dessen Lebensraum Verlandungszonen oder im Wasser stehende Schilfbestände bilden. Wo Bodennässe auftritt, findet man die Bekassine, die in unregelmäßig gemähten Wiesen oder entlang von Gräben brütet. In den von Pfeifengras bewachsenen Streuwiesen und in den Nasswiesen tummelt sich das Braunkehlchen, in Kurzrasen oder in nassen Grünlandflächen beobachtet man Wachtel, Feldlerche und Kiebitz, ebenso den stark vom Aussterben bedrohten Wachtelkönig.

Das hiesige Naturschutzzentrum bietet Informationsmaterial, zeigt Ausstellungen und widmet sich der Pflege und dem Erhalt einheimischer Natur. Es führt Pflanzaktionen und Vernässen ausgewählter Flächen durch und übernimmt Aufgaben, die früher beispielsweise von der Landwirtschaft erfüllt wurden wie das Mähen der Streuwiesen, um die Versteppung zu verhindern.

Zwei Naturpfade führen durch das Rotmoos und von einer Beobachtungskanzel aus kann man die Vogelwelt betrachten.

Radtourvorschlag

Wir fahren auf der B 12 (bis zur Abzweigung Eisenharz gibt es einen Radweg) von Isny aus nach Westen in Richtung Lindau. Einige Zeit nach Dorenwaid biegen wir nach rechts ab in Richtung »Argenbühl Eisenharz«. In Eisenharz halten wir uns rechts nach »Neutrauchburg« und verlassen, vorbei an der Kirche, den Ort. Nach rechts haben wir nun prächtige Ausblicke auf die Westallgäuer Bergwelt mit dem Hochgrat. Im Harprechtser Moos radeln wir durch den Wald, danach halten wir uns rechts, immer noch in Richtung »Neutrauchburg«. Gleich darauf biegen wir nach rechts ab in Richtung »Schweinebach« (mit schöner Aussicht auf die Berge), später fahren wir nach links durch das Riedmüller und Rotmoos und die dahinter liegende Adelegg schließlich zurück zur B 12 und auf ihr nach links nach Isny.

Ausgangspunkt: Isny. Parkmöglichkeiten an der Strecke gibt es aber auch kurz nach Verlassen der B 12 vor Eisenharz (ein Wanderparkplatz ist ausgeschildert), im Ort selbst und kurz danach vor Eintritt in den Wald. Auch am Festplatz am Rain ist Parken möglich.

Zeit: Etwa 1 Std.
Länge: Etwa 11 km ab der Abzweigung nach Schweinebach, von Isny hierher und zurück sind es etwa 2 km.
Empfohlene Wanderkarte: Freizeitkarte F 530, Wangen im Allgäu, Landesvermessungsamt Baden-Württemberg.
Sonstiges: Interessant ist es, ab und zu auf den Stichwegen in das Moor zu gehen oder, wenn es möglich ist, mit dem Rad zu fahren.
Informationen: Isny Marketing GmbH, Büro für Tourismus, Unterer Grabenweg 18, 88316 Isny, Tel. 0 75 62/98 41 10, www.isny.de
Naturschutzzentrum Isny, Unterer Grabenweg 2, 88316 Isny, Tel. 0 75 62/98 41 79.

11 Langeweile kommt nicht auf
Im Eistobel

»Der schönste Ausflugspunkt in der weiteren Umgebung von Isny sind die Argenfälle, der Glanzpunkt des schwäbischen Allgäus, eine Perle unter den Naturschönheiten Süddeutschlands.«
Julius Wais, 1929

Tobel, wie Schluchten im Allgäu genannt werden, gibt es viele. Aber einer der beeindruckendsten ist der Argen- oder Eistobel südlich von Isny, ein Naturschutzgebiet ersten Ranges! Er ist geologisch noch sehr jung, denn seine Gesteinsbildung begann erst vor 15 Millionen Jahren, also mitten im Tertiär. Hier im Eistobel sieht man neben Nagelfluhgestein vor allem gelbe und graue Sandsteine, deren mächtigste Schicht, die Gelbe Wand, fünfzig Meter hoch ist. Eindrucksvoll ist auch die Felsformation »Am Zwinger«, ein Gewirr von riesigen Felsblöcken aus Nagelfluh.

»Zwischen engem Felsspalt stürzt sich der milchweiße Fluß tosend in ein grün schimmerndes Wasserbecken, um gleich wieder in zahlreichen kleinen Fällen weiß schäumend abzustürzen.«
Julius Wais, 1929

Nach der letzten Eiszeit war hier ein Schmelzwassersee, sein Überlauf war der Schüttentobel, und der jetzige Eistobel eine Ablaufrinne. Die Gesteinsschichten wurden im Laufe der Zeit angehoben, die weicheren Sandsteine und Mergelschichten ausgeschwemmt. Dadurch stürzten die darüber liegenden und somit unterspülten härteren Nagelfluhschichten schließlich ein und bildeten damit die für uns heute so romantischen Engstellen mit ihren kaskadenartigen Wasserfällen. Teilweise rieseln sie über das Nagelfluhgestein, zum Teil fallen sie auch mächtig sprudelnd hinab. Zwölf Wasserfälle und vierzehn Gletschertöpfe und -wannen mit smaragdgrünem Wasser sieht man zwischen teilweise kirchturmhohen senkrechten Felswänden. Der größte Gletschertopf mit 15 Meter Durchmesser und zehn Meter Tiefe liegt beim »Gurgelhals« in der Nähe des Zwingers.

Da die Vorlandmolasse schräg aufgeschichtet ist, dringt man aufwärts in immer tiefere Bereiche ein, insgesamt steigt man hierbei etwa 900 Meter tief in die Erdoberfläche ab und durchwandert so einen Ablagerungszeitraum von zehn Millionen Jahren. Ein Erdbeben hatte vor der Eiszeit hier eine Verwerfung der tertiären Molasseschichten verursacht; später wurde der

Im Eistobel findet man zahlreiche Gletschertöpfe und Wasserfälle.

Höhenzug Iberg-Kapf vom Schmelzwasser des Rheingletschers durchgesägt. Die Restarbeit für die Entstehung des Eistobels erledigte dann die Erosion.

Dreißig Orchideenarten blühen hier, u.a. der Frauenschuh, ebenso der Riesenschachtelhalm und der dunkelgrüne Winterschachtelhalm. An den Felsen des Zwingers wachsen weitere seltene Pflanzen wie der Traubensteinbrech und am Wegrand der Kiessteinbrech. Den Rundblättrigen Steinbrech findet man sonst nur noch in den tiefen Tobeln der Adelegg und im Eschachtal. Im Juni und Juli sieht man den Waldgeißbart und die Alpenheckenkirsche. Schluchtwaldpflanzen sind der Nesselblättrige Ehrenpreis, der Wald-Geißbart und der Klebrige Salbei, an den Nagelfluhfelsen gedeihen der Dornige Schildfarn, der Grüne Streifenfarn und Lebermoose. Winter- und Riesen-Schachtelhalm zeigen den Wasserreichtum an, auch Schildfarn, Alpen-Heckenrose, Alpen-Maßlieb, Zierliche Glockenblume und Geißbart profitieren von der hohen Luftfeuchtigkeit. Und vor dem »Großen Wasserfall« meint man sich in den tropischen Nebelwald versetzt, denn man findet eine reiche Epiphytenvegetation mit Moosbärten an den Zweigen und Tüpfelfarn, der aus den Baumstämmen wächst. Auch am »Zwinger« herrscht Urwaldatmosphäre, es dominieren Farne und viele verschiedene Moosarten.

Vögel wie etwa der Eisvogel, auch »Fliegender Edelstein« genannt, treten hier auf oder der seltene Kolkrabe. Oder die

Wasseramsel, der einzige Singvogel, der nicht nur fliegt, sondern auch schwimmt und sogar taucht, um am Grund des Wassers sein Futter – Insekten und ihre Larven sowie kleine Krebse – zu holen. Und bei feuchtem Wetter kann man den Alpensalamander beobachten.

Der Bereich der Oberen Argen wurde 1953 unter Schutz gestellt. Der Weg durch die Schlucht ist vier Kilometer lang und bietet für geologisch Interessierte herausragende Einsichten, geben doch die freiliegenden Gesteinsformationen einen Einblick in die Erdgeschichte des westlichen Allgäus. An Versteinerungen hat man schon Korallen, Austern, Haifischzähne, Herz- und Kammmuscheln gefunden, was für die reiche Unterwasserfauna des einstigen Meeres im Jungtertiär spricht.

Ein besonderes Erlebnis ist der Eistobel im Winter, wenn Stalaktiten und Stalagmiten aus Eis den Fels überziehen und weißbläulich schimmernde Eisgebilde emporwachsen – der Eistobel trägt seinen Namen nicht umsonst! Technisch Interessierte werden die Argentobelbrücke bewundern. Das bombastische Bauwerk ist 54 Meter hoch und 204 Meter lang und wurde 1987 in Betrieb genommen. Es nimmt die Stelle der 1986 gesprengten historischen Brücke ein, von der 1907 Prinz Ludwig von Bayern anlässlich der Einweihung sagte: »Ah, das ist ein großartiges Bauwerk.« Sie war die damals längste und höchste Straßenbrücke Bayerns und so werden sich Techniknostalgiker für das von der Maschinenfabrik Nürnberg erbaute Stahlgestell begeistern. Am Eingang zum Eistobel hängen alte Dokumente aus über die Geschichte der beiden Brücken, außerdem ist dort ein Modell des alten Stahlbauwerks zu bewundern.

Wandervorschlag

Nach dem Kartenhäuschen steigt man auf steilen Stufen hinab in die Schlucht der Oberen Argen. Im Tobel hält man sich rechts. Wir wandern nun rund eine Stunde auf dem Weg, der wie das Bachbett immer wildromantischer und dramatischer wird. Wir bestaunen die bemoosten Felsbrocken im so genannten »Zwinger«, Strudellöcher, smaragdgrüne Becken; Wasserkaskaden und kleine, idyllische Wasserfälle wechseln sich ab, es geht auf- und abwärts. Schön ist, dass man oft direkt ans Wasser gehen kann. Fotomotive und Spielgelegenheiten für Kinder jede Menge! Für ängstliche Gemüter sind ab und zu Drahtseile angebracht; die

Wege wurden teilweise in den Fels gesprengt. Früher konnte die »Felsklause« nur durch eiserne Leitern überwunden werden – heute ist dieser Abschnitt weit weniger abenteuerlich, denn es führt ein bequemer Weg hindurch, schade eigentlich ...

Der glänzende Abschluss ist der oberste Wasserfall, ihm nähert man sich auf einem hohen Steg, einige Meter über dem Boden. Danach überquert eine Brücke in luftiger Höhe die Schlucht und den darunter liegenden Wasserfall. Nun geht es nach rechts in Richtung »Schüttentobel«. Ein abenteuerlich verwurzelter Weg führt steil empor, an der Verzweigung danach müssen wir uns rechts orientieren. Es geht an einem Staudamm vorbei, danach kommt noch eine kleine Kostbarkeit: ein romantischer See, dahinter eine imposante Nagelfluh-Felswand, die senkrecht 50 Meter aus ihm emporsteigt. Die Wegweiser zeigen immer noch »Schüttentobel« an, später »Kiosk«.

Kurz danach verlassen wir an der Schranke den Eistobelbereich, auch das erste Haus und den angekündigten Kiosk nach der Brücke lassen wir hinter uns. Hier geht es nach links ab, »Silbratshofen« ist angeschrieben. Im Wald steigen wir hoch zu einer Asphaltstraße und folgen ihr nach Unter- bzw. Oberried. Nach dem Tannenwäldchen zeigt das Schild nach links zur »Kugel« (Weg Nr. 7). Am oberen Gehöft mit dem schon von weitem sichtbaren Dachreiter mit Glocke geht es nach rechts, dann gleich wieder nach links in den Wald. Dort orientieren wir uns nach rechts (angezeigt ist »Kugel – Gipfelkreuz«). Man sollte sich Zeit nehmen, in die Runde zu schauen. Wiesen, Obstbäume, im Hintergrund die Allgäuer Alpen, hervorstechend der Hochgrat – ein faszinierendes Bild!

Im Wald halten wir uns erneut rechts – immer noch werden wir auf »Kugel« beziehungsweise »Gipfelkreuz« verwiesen. Kurz darauf sieht man es auch schon links oben – ein großes, schlichtes Holzkreuz, 1976 errichtet. Wir sind nun auf der Iberger Kugel. Der seinerzeit bekannte Schriftsteller Julius Wais füllte 1929 eine halbe Seite, um die Gipfel, die man von hier aus sieht, aufzuzählen. Damals stand hier auch Deutschlands höchste Sprungschanze.

Nun nehmen wir den Weg direkt hinter dem Gipfelkreuz, der uns nach links am Kamm entlang bis zu einer Wiese führt, ein Wegweiser zeigt nach rechts in Richtung »Kugel/Feriendorf«. Wir gehen nach rechts hoch zur Hütte. Hier befindet sich auch das Gipfelkreuz der 1068 Meter hohen Riedholzer Kugel, dem höchsten Punkt des Westallgäus.

Nun führt unsere Tour nach Westen in Richtung Riedholz. Auf schmalem Pfad wandern wir steil abwärts, ein Forstweg wird überquert, kurz dahinter liegt ein Skilift und über den Hang haben wir schöne Blicke nach Maierhöfen, zum dunkel bewaldeten württembergischen Schwarzen Grat, und in der Ferne lassen sich die Türme des historischen Städtchens Isny ahnen.

Dann geht es hinein nach Riedholz, ab nun muss man notgedrungen das Sträßchen benutzen. Entschädigt wird man durch prächtige Bauernhäuser, nach Westallgäuer Manier verschindelt, in verschiedenen Farben und mit backsteingemauertem Wirtschaftsteil. Beeindruckend ist auch das schöne Fachwerkhaus des ehemaligen Maierhofes, nun ein einladendes Gasthaus. Den Schildern »Eistobel« folgend kommt man zur Landstraße und wandert kurz nach links über die Brücke, zurück zum Ausgangspunkt.

Ausgangspunkt: Argentobelbrücke auf der Straße zwischen Maierhöfen und Grünenbach.

Zeit: Etwa 3 Std.

Länge: Etwa 10 km.

Höhenunterschied: Etwa 450 m, im Tobel zusätzlich nochmal rund 200 m.

Empfohlene Wanderkarte: Freizeitkarte F 530, Wangen im Allgäu, Landesvermessungsamt Baden-Württemberg.

Öffentliche Verkehrsmittel: Bus ab Kempten oder Isny.

Sonstiges: Schöne, einfache Wanderung, z. T. auf Pfaden, zu geringen Teilen auf Sträßchen. Da es im Eistobel auch rutschig und nass sein kann, ist geeignetes Schuhwerk angesagt. Möglich ganzjährig, wenn der Schnee nicht allzu hoch liegt. Im Winter wegen Vereisung Rutschgefahr.

Informationen: Isny Marketing GmbH, Büro für Tourismus, Unterer Grabenweg 18, 88316 Isny, Tel. 0 75 62/ 98 41 10, www.isny.de
Gästeamt Maierhöfen, Brunnenweg 2, 88167 Maierhöfen, Tel. 0 83 83/9 80 40, Mo, Mi–Fr 8.00–12.15, Di 14.00–16.30, www.maierhoefer.de

12 Württembergs höchster Berg
Der Schwarze Grat

»Der schwarze Grat, der Hauchenberg, der Blender, sie scheinen alle so nieder, so weich geformt, die ganze Gegend so mild, dass man ganz vergisst, so nahe am Hochgebirge zu weilen.«
Josef Buck, 1856

Ob der 1 118 Meter hohe Schwarze Grat im württembergischen Allgäu Württemnbergs höchster Berg ist, war lange Zeit umstritten. Er ist es aber, denn der Dreifürstenstein bei der Hornisgrinde im Schwarzwald ist zwar um ein paar Meter höher, aber kein eigenständiger Berg. Der Gipfel ist der höchste Teil der Adelegg, eines zwischen Eschach, Wenger und Unterer Argen liegenden Gebirgsmassivs. Genau betrachtet ist die Adelegg ohnehin nur zur Hälfte württembergisch, denn die andere Hälfte gehört zu Bayern. Hier liegen mit 1 129 und 1 126 Meter auch die beiden höchsten Gipfel.

Die heutige Landschaft, eine »tertiäre Restlandschaft«, entstand in der letzten Eiszeit. Die Adelegg besteht aus zehn bis zwanzig Millionen Jahre altem Nagelfluh sowie feinkörnigen Mergel- und Sandlagen der Oberen Süßwassermolasse, die am Ende der Alpenfaltung durch die tektonischen Kräfte emporgedrückt wurde. Wo man heute Nagelfluhgestein findet, sind im Laufe der Zeit die weichen Mergellagen abgetragen worden. An den Schichtgrenzen findet man ausgedehnte Quellhorizonte, an denen Wasser zu Tage tritt. Wie an den Schichtgrenzen der Molasse üblich, neigen die Gesteinspakete zu Rutschungen. Die Gesteine innerhalb des Bergmassivs sind von Süden nach Norden abfallend geschichtet, wobei im südlichen Teil der Fels harte Köpfe bildet. Versteinerungen von Zimt-, Lorbeer- und Kampferbäumen, Krokodilen, Schildkröten und Zwerghirschen zeugen von der einstigen Tier- und Pflanzenwelt.

Entstehungsgeschichtlich gehört die Adelegg also eigentlich zu den Alpen, und gilt als letzter Ausläufer der Allgäuer Voralpen. Bedingt durch die Höhe befindet man sich hier in einem Regenstaugebiet mit über 1 800 mm Niederschlag im Jahr, wobei der Großteil in der Zeit zwischen Mai und September fällt. Dadurch entstand auch die entsprechende Vegetation in den vielen wildromantischen steilen Tobeln wie dem Schleifer- oder dem Rohrdorfer Tobel.

Früher diente die Adelegg Glasbläsern und Harzern zur Rohstoffgewinnung. Die Glasbläser kamen aus St. Blasien im Schwarzwald und aus Böhmen und produzierten von 1798 bis 1898 Flach- und Hohlglas. Die Rohstoffe, insbesondere das Holz, holten sie aus den Wäldern; die so genannten »Aschentannen« hat man direkt an ihrem Standort im Wald abgebrannt, die Asche eingesammelt und diese in Sieden zu Pottasche weiterverarbeitet. Holz brauchte man außerdem noch zum Heizen, um das Glas zu schmelzen. Die quarzigen Steine, die man zur Glasproduktion benötigte, sammelten Kinder in den Tobeln; sie häuften sie am Wegrand auf, von wo sie von Fuhrwerken der Glashütten abgeholt wurden. Auch die Harzer schadeten dem Wald sehr, da sie die Rinde von den Bäumen rissen. Schließlich stand kaum noch ein gesunder Baum, so dass man verbot, neue »Gläzzen« – das waren die künstlich geschlagenen »Wunden« in der Rinde – anzubringen. An diese frühere Nutzung erinnern heute manche Flur- und sonstige Namen wie »Hartser Weg«, »Glaserweg« oder »Kohlstatttobel« (hier arbeiteten Köhler).

Auf den von der Glasindustrie kahl geschlagenen und gerodeten Flächen ließen sich erstmals 1707 Bergbauern nieder, die auf Lehenhöfen des Klosters Isny lebten. Somit entstanden hier die einzigen Hochalmen Württembergs. Nachdem aber der Almbetrieb zunehmend unwirtschaftlicher wurde, wurden bis auf wenige Ausnahmen (Ellmendey, Herrenberg im Norden sowie ein kleiner Rest der Schletteralm) die meisten Almen aufgeforstet. Der letzte Hof auf dem Herrenberg gab 1974 auf. Der südliche Teil des Schwarzen Grates ist Landschaftsschutzgebiet; man will so die weitere Aufforstung der letzten freien Flächen verhindern.

In der Umgebung findet man auch – bedingt durch Alpennähe und Höhenlage – alpine Pflanzen und Tiere, vom Bergmolch bis zur Gämse, die sogar von selbst eingewandert sein soll. Verschiedene Tierarten haben am Schwarzen Grat ihr einziges Vorkommen in Baden-Württemberg. Insbesondere in den einsamen Tobeln leben Rothirsche und eine kleine Population des Auerhahns. Man kann auch Kolkraben oder schwarze Alpensalamander sehen. Ein Eiszeitrelikt ist der Moorgelbling, ein Schmetterling. Von den Bäumen nimmt die Buche rund 19 Prozent der Fläche ein, Fichten ungefähr 75 Prozent und Tannen etwa ein halbes Prozent. Insbesondere in den steilen Tobeln wachsen auch Ahorn, Esche und Ulme.

Auf der Adelegg standen die einzigen Hochalmen Württembergs.

Auf dem Gipfel steht ein Aussichtsturm des Schwäbischen Albvereins mit einer vorstehenden Plattform; es handelt sich um eine 28,5 Meter hohe Holzkonstruktion, die 1971 als Nachfolger des ersten Turmes von 1905 erbaut wurde. Bereits 1878, nur vier Jahre nachdem Isny einen Bahnanschluss erhalten hatte, war hier bereits ein Pavillon errichtet worden. Vom Turm aus hat man einen prächtigen Rundblick auf das Moor- und Hügelland im Westen, im Norden auf die überwiegend bewaldete Adelegg, im Süden über die Moränenlandschaft und bei klarem Wetter auf die Allgäuer und Schweizer Alpenkette vom Bodensee über den Säntis bis zu den Ammergauer Alpen, dahinter sieht man sogar die Zugspitze. Ganz im Hintergrund erblickt man noch die Dreitausender der Stubaier und der Ötztaler Alpen und die Silvretta – nicht umsonst trug der Schwarze Grat schon früher den Namen »schwäbischer Rigi«. In einem alten Wanderführer nimmt die Beschreibung der Aussicht eine ganze Seite ein!

Wandervorschlag

Hinter der Kirche beginnt der mit Nummer 3 bezeichnete Weg zum Schwarzen Grat/Wenger Egg-Alm. Vorerst als geschotterter Wiesen-, dann als Forstweg zieht er sich mäßig ansteigend langsam aufwärts, vorbei an einer kleinen Kapelle, später dann an einem Wasserbehälter. Zurück hat man schöne Blicke auf

Wengen, das Tal der Wengener Argen und die südlich davon liegenden Hügel. An den Wunden des Wegebaus ist zu erkennen, dass wir uns auf dem Nagelfluhgestein der ehemaligen Gletschermoränen befinden. Nach einer halben Stunde zweigt links ein bezeichneter Pfad ab und führt uns steil empor zur Wenger Egg-Alm. An dieser folgt man einige Minuten dem Almsträßchen nach links, nach kurzer Zeit weist die Bezeichnung nochmals nach links, dann gleich wieder nach rechts. Nach einer Viertelstunde steilen Bergaufs stehen wir vor dem Aussichtsturm des Schwäbischen Albvereins.

Zurück gehen wir ein Stück auf dem Anstiegsweg (Bezeichnung »roter Balken«) in Richtung »Bolsternang«. Wenn wir das zweite Mal auf ein Forststräßchen stoßen, folgen wir ihm nach rechts, an der Kurve nach links. Immer bergab gehend durchwandern wir schließlich die Reha-Klinik in Bolsternang. Im Ort geht es vor dem Gasthof Schwarzer Grat nach links, an der Kirche vorbei, durch den Parkplatz hindurch und über schöne Weiden in den Wald. Hier ist Weg 20, »Fußweg nach Wengen«, angezeigt. Wir orientieren uns nach rechts, dann gleich wieder nach links hoch zu einer Alm. Direkt hinter der Hütte biegt man links ab, im Waldstreifen (hier verläuft übrigens die Grenze zwischen Bayern und Baden-Württemberg) geht es durch den Durchlass hindurch und nun immer bergab nach Wengen.

Ausgangspunkt: Wengen.
Zeit: Etwa 3 Std.
Länge: Etwa 11 km.
Höhenunterschied: Etwa 400 m.
Empfohlene Wanderkarte: Freizeitkarte F 530, Wangen im Allgäu, Landesvermessungsamt Baden-Württemberg.
Öffentliche Verkehrsmittel: Bahn bis Kempten oder Leutkirch, ab dort Bus.
Informationen: Isny Marketing GmbH, Büro für Tourismus, Unterer Grabenweg 18, 88316 Isny, Tel. 0 75 62/98 41 10, www.isny.de
Verkehrsamt, Hauchenbergweg 6, 87480 Weitnau, Tel. 0 83 75/92 02 41, Mo–Sa 9.00–12.00, Mo–Fr 15.00–16.30, www.weitnau.de

13 Unterwegs in zwei Ländern
Von den Eibelesfällen zum Kalten Brunnen

Wer die Eibelesfälle aufsucht, kann sich auf ein überaus romantisches Bild freuen: In drei Sektionen stürzen die Kaskaden über Nagelfluhfelsen in ein darunter liegendes Wasserbecken. Hinter den Fällen liegt ein beliebtes Ausflugslokal, die Eibelesmühle.

Bei der Anfahrt zur Eibelesmühle sollte man an der Brücke über die Weißach anhalten und einen Blick in die Tiefe werfen, vielleicht auch einige Schritte auf dem Weg abwärts gehen. Den ehemaligen Krebswasserfall sieht man zwar nicht mehr – er fiel der Elektrizitätsgewinnung zum Opfer, seit die Elektrizitätsgenossenschaft Weißachtal am 17. Oktober 1920 den Betrieb aufnahm und den angeschlossenen Orten erstmals elektrisches Licht in die Häuser brachte. Interessant sind aber immer noch die ausgewaschenen und ausgeschliffenen Steinformationen, die ein gutes Bild von der Kraft des Wassers abgeben – man sieht die Formen jetzt ohne Wasser sogar besser, als wenn das Bachbett noch wasserführend wäre.

Da die Besichtigung der Eibelesfälle allein noch keine tagesfüllende Unternehmung ist, soll hier eine kleine Wanderung durch die schöne Westallgäuer bzw. Vorarlberger Landschaft angeboten werden. Die Tour begeistert dabei immer wieder durch prächtige Blicke auf die Bergwelt um den Hochgrat und hinein nach Vorarlberg.

Wandervorschlag

Von der Eibelesmühle aus machen wir ein paar Schritte bis zum Wasserfall, das Schild zeigt »Grenzübergang Fußweg Sulzberg«. Nun orientieren wir uns vorerst eine Weile an der Markierung nach Sulzberg, auch Weg 2 ist für uns gültig. Kurz nach den Fällen überschreiten wir die Grenze nach Vorarlberg. Bei dem Gehöft, an dem Bildstock, halten wir uns rechts (»ü. Glafberg n. Sulzberg«) und wandern nun immer bergauf. Bei den nächsten Häusern, vor dem kleinen Waldstück, biegen wir nach links ab (»ü. Müselbach n. Sulzberg«).

Vor dem zweiten, von unten sichtbaren Gehöft zieht der Weg nach rechts; wir gehen aber nicht hinter dem Haus nach links, sondern nach rechts über die Wiese hoch zu einem Elektromast

Die Eibelesfälle stürzen in einen großen, flachen Tumpf.

und dann weiter zum nächsten Haus. Hier finden wir wieder einen Weg, er bringt uns zu einer kleinen Kapelle. An dem querenden Pfad etwas hinter ihr biegen wir nach rechts ab (»Zellers«), am nächsten Gehöft nach links (»Zellerbad«). Es geht jetzt sehr steil hinauf bis zu diesem Haus; hier knickt der Weg nach rechts ab. Wir kommen nun in den Wald und spazieren flacher weiter. Nach einigen Minuten weist uns der Wegweiser auf Weg 5 nach links hinauf zum Kalten Brunnen.

Wir können anschließend entweder auf der Höhe nach Norden in Richtung Oberreute bzw. nach Irsengund weitermarschieren oder zu diesem Abzweig zurückkehren und von hier aus zum Jugendheim vor Irsengund gehen. Am Jugendheim treffen wir wieder auf ein Sträßchen, dem wir nach rechts hinab folgen. Nach dem letzten Haus, am Schild »Zellers 7«, biegen wir zur Eibelesmühle nach links ab. Wir wandern vorbei am Gehöft Bröger, bis wir schließlich in Müselbach den Weg wieder kennen und zurück zur Eibelesmühle kommen.

Ausgangspunkt: Eibelesmühle.
Zeit: Etwa 4 Std.
Länge: Etwa 8 km.
Höhenunterschied: Etwa 450 m.
Empfohlene Wanderkarte: UK L 11 Lindau-Oberstaufen und Umgebung, Bayerisches Landesvermessungsamt.
Sonstiges: Leichte Wanderung, zu großen Teilen auf asphaltierten Sträßchen, aber auch auf Naturpfaden. Möglich April–November, u. U. auch länger, je nach Schneelage.
Informationen: Oberstaufen Tourismus Marketing GmbH, Hugo-von-Königsegg-Str. 8, 87534 Oberstaufen, Tel. 0 83 86/9 30 00, www.oberstaufen.de

14 Wildes Wasser, leuchtende Gumpen
Die Buchenegger Wasserfälle

Das Allgäu ist ja an Natursehenswürdigkeiten nicht gerade arm – aber die Buchenegger Wasserfälle bei Steibis zählen sicherlich mit zu den sehenswertesten. Wer möchte, kann sie in einer kurzen Wanderung besuchen, schöner ist es aber, man lässt eine aussichtsreiche Almrunde folgen. Dabei sind noch mehr Wasserfälle zu bewundern, darunter ein Wasserstrahl, der in eine herrlich smaragdblaue Gumpe hineinstürzt: Es brodelt und rauscht, bis vor lauter weißer Gischt überhaupt kein Wasser mehr zu sehen ist. Davor dehnt sich eine beeindruckende Blockwildnis aus – die Steine erwecken einen ganz anderen Eindruck als das Nagelfluhgestein, das wir weiter oben gesehen haben. Bei der Eisenbrücke über der Weißach liegen riesige Felsblöcke im Wasser und bieten ein romantisches Bild, etwas darüber sieht man einen schönen halbrunden Felskessel, in den sich aus einer tiefen Kerbe ein Wasserfall ergießt. Entstanden ist die wilde Landschaftsszenerie mit Gumpen, kleinen Klammen und Wasserfällen, weil das Wasser weichere mergelige Schichten aus den härteren Molasseschichten aus Nagelfluhgestein herausgewaschen hat und die quer zum Bachlauf stehenden Nagelfluhschichten als Rippen erhalten blieben.

Im Frühjahr erfreuen uns auch noch Krokusbestände auf den Wiesen. Ein Teil des Weges ist Naturwaldreservat, wo die Lebensgemeinschaft Wald zur Erhaltung des naturnahen Bestandes und zu wissenschaftlichen Zwecken sich selbst überlassen bleibt und nicht forstwirtschaftlich genutzt wird.

Wandervorschlag

Etwa 800 Meter vor der Hochgratbahn liegt, von Steibis aus gesehen, rechts der Straße das Allmersbacher Haus. Auf der gegenüber liegenden Straßenseite führt ein Sträßlein bergab. Hier gibt es ein paar Parkmöglichkeiten. Ansonsten fährt man weiter bis zur Talstation der Hochgratbahn und wandert rechts des Baches zurück.

Wir gehen auf dem Sträßchen bergab bis zu einer Brücke, auf der wir die Weißach überqueren. Hier treffen auch die Wanderer ein, die bei der Hochgratbahn geparkt haben. Nun folgen wir dem Weg am Bach entlang, »Wasserfälle Buchenegg« ist bereits

Vor lauter Gischt ist oft kein Wasser mehr zu sehen.

angeschrieben. Bald kommen wir zu einer kleinen Lichtung; vor der Hütte werden wir nach links verwiesen. Auf aussichtsreichem Weg, wo Bänke zum Verweilen einladen, und vorbei an Holzhütten steigen wir auf bis zu einem Wäldchen, hier biegen wir nach rechts ab (»Steibis«). Nach kurzem Gang durch den Wald treffen wir auf eine Fahrstraße, der wir in Gehrichtung folgen bis zu einigen Häusern. Wir gehen aber nicht zu ihnen hinab, sondern bleiben an der Verzweigung direkt vor ihnen auf dem oberen Weg. Es geht nun auf dem Kamm des Höhenrückens bis zu einer letzten Almhütte, danach fällt der Weg steil bergab.

Wir wandern teilweise auf Stufen, ein Stück ist sogar seilgesichert. Wie wir lesen können, befinden wir uns hier in einem Naturwaldreservat. Bald sehen wir einen Wasserfall von oben, der über eine lange flache Platte hinabrieselt. Rechts davon können wir schon eine tiefblaue Gumpe erblicken.

An einer Verzweigung, wo ein Pfad nach rechts führt, kann man zu den Wasserfällen oberhalb gelangen. Ansonsten folgen wir dem Schild nach links und steigen vollends hinab zum Bach. Wenn wir nach rechts gehen, erreichen wir die smaragdfarbene Gumpe mit dem starken, weiße Gischt erzeugenden Wasserstrahl.

Nachdem wir den Wasserfall genügend bewundert haben, gehen wir entweder auf demselben Weg zurück oder überqueren die Weißach in Richtung »Buchenegg Oberstaufen«. Direkt unter der Brücke liegen nochmals mächtige Felsbrocken. Auf der anderen Seite steigt es steil an. Bald sehen wir auch die Wasserfälle wieder, und wir haben einen Blick auf den unteren Fall und die beiden kleineren oberhalb. Nach steilem Anstieg verlassen wir den Wald und gehen kurz an seinem Rand entlang bis zu einem Almsträßchen, wo wir nach rechts abbiegen in Richtung »Sonnhalde Steibis«. Kurz darauf macht der Weg in einem Hangeinschnitt einen scharfen Rechtsknick, links im Wald sehen wir nochmals einen Wasserfall. Er kann zwar nicht mit dem vorher gesehenen konkurrieren, andernorts wäre er aber trotzdem eine kleine Sehenswürdigkeit! Auch im weiteren Verlauf kommen wir noch an einigen kleineren Fällen vorbei. Wir folgen nun immer dem Almweg, in leichtem Auf und Ab, gelangen bald aus dem Wald und gehen nun in den aussichtsreichen Almwiesen.

Nach der Ochsenschwandalm überschreiten wir den Bach und biegen dahinter in spitzem Winkel nach rechts ab (»Sonnhalde Steibis«). Kurz darauf kommen wir an der bewirtschafteten Sonnhalde-Alm vorbei. Der Weg führt nun einige Zeit relativ eben auf der anderen Talseite weiter, bis er schließlich in Serpentinen stark abfällt. Kurz bevor wir unten im Tal sind, ist links noch ein letzter Wasserfall zu sehen. Man kommt leider nicht nahe an ihn heran, weil er abgesperrt ist. Im Tal behalten wir unsere Richtung bei, bald sind wir wieder auf der kleinen Lichtung vom Anfang und spazieren auf bekanntem Weg zurück.

Ausgangspunkt: Steibis.
Zeit: Etwa 3 Std.
Länge: Etwa 7 km.
Höhenunterschied: Etwa 300 m.
Empfohlene Wanderkarte: UK L 11 Lindau-Oberstaufen und Umgebung, Bayerisches Landesvermessungsamt.
Öffentliche Verkehrsmittel: Bahn bis Oberstaufen, Bus bis zur Hochgratbahn.
Sonstiges: Die Wanderung verläuft hinab zum Wasserfall und wieder hinauf auf Steigen, ansonsten auf Forst- und Almwegen. Trittsicher sollte man sein. Möglich von April–November, allerdings sind die Wege der »Almrunde« nach der Schneeschmelze ziemlich matschig, so dass man im Frühjahr wohl am besten nur den Wasserfall besucht und anschließend auf demselben Weg wieder zurückgeht.
Informationen: Oberstaufen Tourismus Marketing GmbH, Hugo-von-Königsegg-Str. 8, 87534 Oberstaufen, Tel. 0 83 86/9 30 00, www.oberstaufen.de

15 Vom Wasserfall zum See
Der Falltobel

Einer der schönsten Tobel des Allgäus ist der Falltobel westlich von Niedersonthofen. Die empfohlene Wanderung verläuft entlang des interessanten Laufs des Schrattenbachs, an einem hohen Wasserfall vorbei, und bringt uns schließlich auch auf aussichtsreiche Höhen.

Der Falltobel ist ein Fundort für besonders gut erhaltene, versteinerte Pflanzenreste. Auf den Schichtflächen feinkörniger Sandsteine findet man die kohligen Abdrücke von Blättern, die wegen ihrer Häufigkeit auch als »Blättermolasse« bezeichnet werden.

Wandervorschlag

In Niedersonthofen gibt es westlich der Kirche einen Parkplatz. Wir spazieren an der Kirche etwas in südliche Richtung, bis wir auf der linken Straßenseite einen alten, weißblauen Wegweiser entdecken. Nach rechts werden wir zum Wasserfall verwiesen. Gleich darauf biegen wir aber nach links in den Holzachweg ein, unsere Richtung ist nun »Eckarts Gopprechts«. Wir verlassen den Ort, spazieren über die Wiese bis zum Waldrand und zweigen dort nach rechts ab. Entlang des Schrattenbaches kommen wir wieder zu einigen Häusern. Am ersten Anwesen geht es rechts, dann auf dem Asphaltsträßchen nach links und immer geradeaus (Richtung Wasserfall) in den Wald hinein. Nach kurzem Anstieg müssen wir den breiten Weg nach links verlassen, ab nun setzt sich unsere Tour auf einem Pfad fort. Mal bergauf, mal bergab zum Bach, über ein paar Stege über den Bach hinüber und herüber, bis wir schließlich am Wasserfall sind.

Danach folgt nochmals ein steiler Anstieg. An einer Verzweigung halten wir uns rechts; bald verlassen wir den Wald und kommen nach Rieggis. Etwas nach rechts versetzt geht es hinter der Landstraße weiter (Schild »Lohweggrotte Hauchenberg«). Am nächsten Abzweig orientieren wir uns rechts in Richtung Stoffelberg, beim letzten Haus links hinauf zum Waldrand und dort rechts weiter. Vorerst haben wir eine herrliche Aussicht auf die Oberallgäuer Bergwelt, dann zieht der Weg in den Wald hinein. Es geht nun immer leicht auf und ab. An einer Verzweigung halten wir uns rechts, einige Zeit danach nochmals, beides Mal

Einer der beeindruckendsten Wasserfälle im Allgäu ist der Falltobel.

ist »Stoffelberg« angezeigt. Beim zweiten Mal müssen wir nur noch kurz zum Gipfelkreuz hochsteigen.

Wir verlassen die Wiese am Gipfelkreuz und kommen durch einen Durchlass in den Wald, nach dem Waldstück durch einen weiteren wieder auf eine Wiese. Hier zweigen wir nach links hinab zum bereits sichtbaren Weg, in den wir nach rechts einbiegen. So umrunden wir die Bergkuppe, dahinter steigen wir steil bergab. Nach einigen Kurven stoßen wir auf eine Asphaltstraße, der wir nach rechts folgen. Nach dem ersten Haus (Jugendberghaus) geht es mit zwei Kurven noch etwas abwärts zu einem querenden Sträßchen. Hier spazieren wir einige Meter nach links, dann weist nach rechts ein Schild hinab nach Niedersonthofen. Über die Wiesen gehen wir steil hinab zum Ausgangspunkt.

Ausgangspunkt: Niedersonthofen.
Zeit: Etwa 3 Std.
Länge: Etwa 7 km.
Höhenunterschied: Etwa 400 m.
Empfohlene Wanderkarte: Blatt UK L 17 Kempten und Umgebung, Bayerisches Landesvermessungsamt.
Öffentliche Verkehrsmittel: Busverbindung ab Kempten oder Immenstadt.
Sonstiges: Wir wandern größtenteils auf Pfaden, die bei Nässe auch rutschig sein können.
Informationen: Gästeinformation Waltenhofen, Rathausstraße 4, 87448 Waltenhofen, Tel. 0 83 03/79 29, www.waltenhofen.de

16 Felsen wie Beton
Die Nagelfluhkette

Eines der seltsamsten Gesteine in den Bergen ist der Nagelfluh, der hier einer ganzen Bergkette den Namen gab. Auch wenn es aussieht, als wäre Kieselstein mit Beton verbacken, so wurde das Gestein doch durch natürliche Ursachen gebildet.

Nagelfluhkette – so heißt das Massiv in den Allgäuer Alpen, das sich vom Mittag oberhalb Immenstadts bis zum Hochgrat bei Steibis hinzieht. Ausdauernde Wanderer können es in einer einzigen Tour begehen. Sie führt aber immer bergauf und bergab und auch die Entfernung ist nicht ganz ohne (wobei man das organisatorische Problem, wie man wieder zum Ausgangspunkt zurückkommt, natürlich nicht vergessen darf). Deshalb folgt hier ein kürzerer Wandervorschlag, der ebenfalls gute Eindrücke von diesem Gebirgszug bietet, aber weniger strapaziös ist.

Bis zur Donau reichte einst das Meer, und Geröll und Sand aus den späteren Alpen wurden gen Norden getragen. Mit der Zeit verfestigten sie sich zu einer kompakten Gesteinsmasse; dieser »Naturbeton« sieht aus wie mit Zement zusammengebackene Kieselsteine oder Waschbeton – »Herrgottsbeton« wurde auch schon dazu gesagt – und wurde dann Nagelfluh genannt, weil die hervorstehenden Kieselbatzen wie Nägelköpfe aussehen. Und im Alemannischen wird mit Fluh eine Wand oder ein Wandstreifen bezeichnet. Das Konglomerat findet man in den an Blumen und Wasserläufen reichen Molassebergen im Norden der Allgäuer Alpen. Die Schichten aus Trias- und Jurakalken, Buntsandsteinen, Mergeln und vielen anderen Beimengungen, u. a. Granit, Gneis, Quarz, Glimmerschiefer, Amphibolit, Porphyr, Serpentin und Versteinerungen, stammen aus der Erdneuzeit, dem Tertiär; in dieser Zeit, die etwa vor 65 Millionen Jahre begann, fand die Alpenfaltung statt.

Da das Gestein, obwohl es aus einzelnen großen Stücken besteht, doch sehr widerstandsfähig ist, bildet es auch große und steile Gipfel. Die Schichten wurden während der Alpenfaltung meist senkrecht aufgebaut, und immer wieder sieht man an den Graten oder den Hängen parallel verlaufende Felsrippen. Da der Fels aber nicht nur an den höchsten Stellen, sondern auch unten auf den Weiden und in den Tobeln zutage tritt, findet man im Nagelfluh eine ungemein reiche Vielfalt und Abwechslung an

Landschaftsformen. Zum Steineberg schrieb 1929 Max Förderreuther: *»Mit Recht führt dieser seinen Namen: Die Nagelfluhwand, die unter der Gipfellinie senkrecht, ja teilweise überhängend gegen Norden abbricht, wiederholt sich auf der dem Gunzesrieder Tal zugewendeten Seite mehr als einmal, und der Wechsel von sanfter geneigten, begrünten Schichtflächen und schroff abstürzenden, felsigen Schichtköpfen, auf denen in tieferen Lagen hochstämmige Fichten wurzeln, wirkt landschaftlich höchst belebend, um so mehr, als auch die Erosion in die Felsmauern zackige Rinnen eingesägt und die Verwitterung mächtige Trümmer abgelöst hat, unter denen vor allem das turmhohe Felsgebilde der ›Kirche‹ (südlich vom Gipfel) die Aufmerksamkeit erregt.«*

Besonders eindrucksvoll ist eine Tour in der Nagelfluhkette in der Blütezeit ab Mai oder im Spätherbst, wenn im Hochgebirge schon Schnee liegt, man hier in den Vorbergen aber noch unbeschwert wandern kann.

Wandervorschlag

Wir benützen zum Aufstieg die Mittag-Schwebebahn. Ab der Bergstation (1451 m) wandern wir auf einem Wiesenpfad in Richtung Stuiben. Er verläuft erst relativ eben zum Bärenkopf (1463 m), der seinen Namen von dem letzten Allgäuer Bären hat, der 1760 hier erlegt wurde. Dann geht es in Richtung des bereits sichtbaren Steinebergs. Erst wandern wir etwas bergab, dann folgt eine kurze Seilsicherung und am Ende steigen wir auf Stufen (die Variante »Nur für Geübte« sollten tatsächlich nur gute Bergwanderer benutzen) hinauf bis unter die mächtigen Felswände des Steinebergs. Von rechts kommt hier auch der Weg für die »Geübten« an. Wir gehen an den senkrechten Felswänden entlang bis auf die Hochfläche des Steinebergs, wo wir scharf nach links zum Gipfelkreuz (1660 m) abbiegen.

Nachdem wir die Aussicht ausgiebig bewundert haben, folgen wir dem Pfad weiter in westlicher Richtung. Nun wird es alpiner, wir wandern teilweise auf fast »messerscharfem« Grat mit Steilabbrüchen auf beiden Seiten, dann kommen wir zu einer Art Geländer und schließlich zum Felsabbruch der so genannten Grauen Wand, wo es wieder Seilsicherungen gibt. Wir wandern bergab bis zu einem quer stehenden Felsriegel, wo sich der Weg teilt. Wer möchte, kann weiter aufsteigen zum Gipfel des Stuiben (1749 m) und von dort aus über die Wiesen zur Gundalpe

Nagelfluhgestein mit Blick ins Illertal und zum Grünten

gehen. Dies bedeutet ungefähr hundert Höhenmeter mehr, an zusätzlicher Zeit ist etwa eine Stunde einzukalkulieren. Außerdem sollte man, insbesondere auf den letzten Metern vor dem Gipfelkreuz, schwindelfrei sein; es sind auch hier Seilsicherungen angebracht. Zum Ausblick schrieb Josef Buck 1856: *»Die Aussicht auf der Spitze des Stuiben ist von großartigem Ernste; von vorzüglicher Schönheit ist die Alpenansicht: unzählbare Gipfel von den smaragdenen Alptriften der Allgäuer Alpen mehr und mehr zu den schneeumhüllten Felsengraten des Lech- und Innthales aufsteigend.«*

Ansonsten hält man sich rechts und wandert hinab bis zu einer ebenen Wiesenfläche und auf ihr etwas nach rechts, dann nach links zur Gundalpe, wo man einkehren kann. Wir spazieren an dem Gebäude entlang; an der Stelle, wo danach der Almweg nach links abknickt, geht man in Richtung Immenstadt geradeaus über die Wiese und im Wald bergab bis zu einem querenden Pfad. Auf ihm gelangt man nach rechts zur Mittelberg-Alpe. Ab nun wandern wir steil bergab ins Steigbachtal. Man kommt am Haus Almagmach vorbei und später am Jagdhaus Ornach. Danach erreicht man eine hölzerne Kapelle. Wie wir der Inschrift entnehmen können, wurde sie um 1800 erbaut an einer Stelle, an der sich die Immenstädter 1632 im Dreißigjährigen Krieg vor den Schweden verschanzt hatten. Kurz danach können wir rechts auf dem Tobelweg durch den Steigbachtobel zurück nach Immenstadt wandern. Am Ende des Tobels gehen wir nach rechts über die gedeckte Brücke und in wenigen Minuten zurück zur Talstation.

Ausgangspunkt: Immenstadt, Bergstation des Mittaglifts.
Zeit: Etwa 5 Std.
Höhenunterschied: Etwa 300 m.
Empfohlene Wanderkarte: Blatt UK L8 Allgäuer Alpen, Bayerisches Landesvermessungsamt.
Öffentliche Verkehrsmittel: Immenstadt ist Bahnstation.
Sonstiges: Die Wege sind insbesondere bei Nässe rutschig, man sollte also vorsichtig sein. Nötig ist außerdem Ausdauer, Trittsicherheit und Schwindelfreiheit. Die Tour kann auch mit größeren Kindern unternommen werden.
Informationen: Gäste-Information, Marienplatz 12, 87509 Immenstadt, Tel. 0 83 23/91 41 76, Mo–Fr 9.00–12.00, 14.00–17.30.
Mittag-Schwebebahn, Tel. 0 83 23/61 49, www.immenstadt.de

17 Stiller Spaziergang und Riesen-Spielzeug
Der Ostertalbachtobel

»Reich an landschaftlichen Schönheiten ist auch das Gunzesrieder Tal. Der Aubach, der es durchströmt, bildet unterhalb der Gunzesrieder Säge eine wilde Enge, in der Riesenblöcke dem tobenden Wasser den Weg versperren.«
Max Förderreuther, 1929

Einen stillen, trotzdem aber beeindruckenden Tobel hat sich der Ostertalbach gegraben. Man findet gefallene Bäume im Bachbett, mächtige Nagelfluhfelsbrocken, wie Riesen-Spielzeug hingeworfen, prächtige Gumpen und rauschende Wasserfälle. Für Kinder gibt es immer wieder Möglichkeiten, ans Wasser zu kommen und zu spielen. Gleich zu Beginn kommt man zu einem Blocklabyrinth mit riesigen Felsklötzen mitten im Bachbett, danach folgen quer zur Fließrichtung des Baches stehende Gesteinsschichten, die festungsartig das Bachbett absperren und wo sich das Wasser seinen Lauf suchen muss. Auch der Weg weicht hier in die steilen Hänge aus.

Wandervorschlag

Kurz nach dem großen Parkplatz vor der Gunzesrieder Säge spazieren wir in den Weiler hinein und halten uns an der Verzweigung bei der Bushaltestelle links (»Naturlehrpfad«). Kurz danach werden wir nochmals nach links verwiesen. Wir kommen nun in dichten Wald und wandern auf einem guten Weg, teilweise durch ein Geländer gesichert, am Ostertalbach entlang.

Der Weg steigt später an und schließlich erreichen wir auf einer Art Hängebrücke die andere Seite des Baches. An einer Verzweigung halten wir uns rechts (zum »Ostertal Parkplatz«). Nun spazieren wir noch durch einen etwas aufgelockerten Wald bis zu einem Sträßchen. Hier geht es nach rechts durch einen Parkplatz und dort wieder nach rechts, über »Buhl's Alpe« zurück zur Gunzesrieder Säge.

Ausgangspunkt: Gunzesrieder Säge.
Zeit: Etwa 1–2 Std.

Der Ostertalbachtobel zeichnet sich durch eine Vielzahl von Tobeln aus.

Höhenunterschied: Etwa 100 m.
Empfohlene Wanderkarte: UK L 8 Allgäuer Alpen, Bayerisches Landesvermessungsamt.
Öffentliche Verkehrsmittel: Busverbindung ab Blaichach.
Sonstiges: Für den Weg im Tobel ist festes Schuhwerk empfehlenswert.
Informationen: Gästeamt, Immenstädter Str. 7, 87544 Blaichach, Tel. 0 83 21/80 08 36, www.blaichach.de

18 Strudel zwischen Wollsackfelsen
Der Haldentobel

»Später, um Gunzesried, lassen die scharf abgeböschten Terrassen erkennen, dass hier das Wasser einst zu einem ansehnlichen See aufgestaut war, bis es ihm gelang, eine zweite Enge zu durchsägen, die gleich unterhalb Gunzesried beginnt und mit geringen Unterbrechungen bis zum Austritt aus den Bergen bei Blaichach sich fortsetzt. Wer sich die Unbequemlichkeit nicht reuen lässt, dem Bachbett zu folgen, so weit es möglich ist, der kann ein seltenes Naturschauspiel nach dem anderen betrachten. Bald sind es runde Strudellöcher, die spiralförmig in den harten Fels eingebohrt wurden; bald drängen sich felsige Querrippen vor, die der Bach wie mittels einer Säge scharf entzwei geschnitten hat; bald türmen sich Felsblöcke übereinander, zwischen denen das Wasser in wildem Zorne wegschäumt; dazu schöne, hochstämmige Wälder und an heißen Sommertagen willkommene Gelegenheit, in dem klaren, frischen Bergwasser ein erquickendes Bad zu nehmen.«
Max Förderreuther, 1929

Die auch Gunzesrieder Tobel genannte Schlucht führt von Gunzesried nach Blaichach. Sie bietet prächtige Felsformationen, schmale Durchflüsse, einen Wasserfall und schöne blaugrüne Gumpen. Der Tobel überrascht gleich zu Beginn: Nach dem Wehr sehen wir mächtige Strudel, die durch gewaltige Felsformationen aus Nagelfluhgestein, geformt fast wie Wollsäcke, brausen. Auch sehr interessant zu beobachten ist, dass die Nagelfluhschichten beinahe waagrecht verlaufen und dadurch im Wasser schmale, flache Platten bilden. An den Stellen, wo eine Zwischenschicht weggewaschen wurde, verschwindet der Bach teilweise unter dem Fels.

Wandervorschlag

Wir gehen gegenüber vom Parkplatz, der Beschilderung folgend, über die Wiese und in den Wald. Nachdem man etwas bergab spaziert ist, kommt man zu einer einsamen Wiesenlandschaft. Rechts der Gunzesrieder Ache sieht man eine mächtige, freigelegte Wand, links hinter dem Zulauf befindet sich ein zwar kleiner, aber prächtiger Wasserfall, der einen hohen brausenden Strudel produziert. Wenn wir dem Weg weiter folgen, geht es in munterem Auf und Ab bis zum Blaichacher Stausee. Am

Der Gunzesrieder oder Haldentobel

Schild für das Jahrhunderthochwasser 1990 gibt es nochmals ein schmales Felsentor.

Danach können wir noch bis Blaichach weiterspazieren und von dort aus mit dem Bus zurückfahren. Eine andere Möglichkeit wäre, erst mit dem Bus von Blaichach aus nach Gunzesried zu fahren. Wer zurückwandern möchte, macht dies entweder auf demselben Weg, kann aber unterwegs auch der Beschilderung nach Halden, Seifriedsberg oder Kühberg folgen und so den Rückweg etwas anders gestalten.

Ausgangspunkt: Parkplatz kurz vor Gunzesried.
Zeit: Etwa 2-3 Std.
Höhenunterschied: Etwa 100 m.
Empfohlene Wanderkarte: UK L 8 Allgäuer Alpen, Bayerisches Landesvermessungsamt.
Öffentliche Verkehrsmittel: Busverbindung.
Sonstiges: Schöner kurzer Spaziergang, möglich ganzjährig außer bei hohem Schnee. Gut ausgebauter und meist gesicherter Pfad, nur an manchen Stellen und bei feuchtem Wetter ist etwas Vorsicht geboten.
Auf der Wiese in der Schlucht besteht eine Grillmöglichkeit.
Informationen: Gästeamt, Immenstädter Str. 7, 87544 Blaichach, Tel. 0 83 21/80 08 36, www.blaichach.de

19 2000 Jahre auf dem Buckel

Die Eibe bei Balderschwang

Bei Balderschwang, vielen als schneesicheres Skigebiet bekannt – und deshalb auch »Bayerisch Sibirien« genannt –, steht eine 2000-jährige, vielleicht sogar bis zu 4000 Jahre alte Eibe (Taxus baccata), die eine Zeiten- und mindestens zwei Jahrtausendwenden mitgemacht hat! Vergegenwärtigt man sich, was in dieser Zeit in der Menschheitsgeschichte passiert ist, dann könnte man ähnliche Gefühle bekommen wie einst Alexander der Große: Dieser traf einmal bei seinen Kriegszügen auf eine alte Zeder und hat ihr als Zeichen seiner Ehrfurcht vor ihrem Alter seine Königskette umgehängt.

Die Doppeleibe steht auf etwa 1150 Meter Höhe und soll aus den Restteilen eines einzigen Baumes bestehen, denn beide Teile treiben gleichzeitig aus, besitzen das gleiche Geschlecht und auch die Nadeln sind in Farbe, Form und Länge identisch. Beide Abschnitte haben dieselbe Zweigstellung und sind je etwa sechs Meter hoch. Da sie in Nordsüdrichtung stehen, entstand durch den Lichteinfall eine ovale Stammform. Der Gesamtdurchmesser an der Basis beträgt etwa 2,70 Meter, der Umfang in Brusthöhe rund 8,10 Meter. Der Baum steht auf dem kalkhaltigen Nagelfluhboden des Tertiärs, dem Eiben als Reliktpflanze zugeordnet werden.

Eiben sind ein weit verbreitetes und immergrünes Nadelgehölz und lieben kalkhaltigen Boden. Außerhalb Europas trifft man sie noch in Algerien, Kleinasien, Persien und am Himalaja an. Überall können sie sehr alt werden, wobei sie einen Durchmesser von bis zu vier Metern und eine Höhe von maximal zwanzig Metern erreichen; deshalb wird ihr Alter auch gerne unterschätzt: So hat man bei einem nur 28 Zentimeter dicken Stamm schon 310 Jahresringe gezählt!

Botaniker rechnen die sechs existierenden Eibenarten zu den primitiveren Nadelhölzern als die zapfentragenden Arten. Das Holz ist besonders hart, fest, dicht und zugleich aber elastisch, so dass man es früher gerne zur Herstellung von Bögen und Armbrüsten benutzte. Der Handel mit Eibenholz lag um 1500 in den Händen der Nürnberger Kaufleute Stockhauser und Fürer, die es vor allem nach England exportierten. Allein 1559/60 waren es 27000 Bogen und Armbrüste!

Das sehr dauerhafte Holz besitzt eine ansprechende Maserung und wird auch gerne zur Herstellung hochwertiger Möbel und für Drechslerarbeiten verwendet; aus den Maserknollen macht man Furnier. Da der Baum wegen dieser zahlreichen Verwendungszwecke sehr beliebt war, sind Eiben in der freien Natur mittlerweile fast ausgerottet. Es ist unbekannt, welchem glücklichen Zufall man es zu verdanken hat, dass gerade dieser »Methusalem« bei Balderschwang, der einst wohl von einem dichteren Wald umgeben war, erhalten blieb.

Eiben haben es schwer, sich im »Wettbewerb« mit anderen Gehölzen durchzusetzen, so dass sie als Lückenbüßer oft dort stehen, wo andere Bäume nicht gedeihen, beispielsweise an schattigen Steilhängen oder kühlen und feuchten Stellen. Aber selbst hier müssen sie sich gegen die Konkurrenz von Fichten, Eschen und Bergahorn behaupten. Nur Überschwemmungen mögen sie nicht.

Die Eibe weist männliche und weibliche Blüten auf, wobei erstere sehr zahlreich auftreten, kugelig aussehen und einzeln stehen, die zweitgenannten sind birnenförmig und anfangs grün. Die beerenähnlichen Früchte bestehen aus einem von einem fleischigen, roten Mantel umhüllten großen Samen. Vorsicht vor reifen Samen: Sie sind giftig (nicht aber die rote Hülle), ebenso das Holz, die Rinde und die Nadeln! Sie enthalten Stoffe, die herz- und atmungslähmend wirken. Besonders gefährdet sind neben dem Menschen Pferde. Diese toxischen Eigenschaften sind wohl auch der Grund, warum es im Altertum die Sage gab, dass Furien Fackeln aus Eibenholz benützten.

Im Volksglauben spielte die Eibe seit jeher eine große Rolle, man erkennt ihre Bedeutung schon daran, dass ihr Name vom althochdeutschen Wort »iwa« – Baum abgeleitet ist. In der Antike war sie den Göttern der Unterwelt geweiht, und im Mittelalter hat man die Zweige der Eibe als Mittel gegen Verhexung genommen: »Vor den Eiben kann kein böser Zauber bleiben«, lautete ein alter Spruch. Der Saft wurde von den Kelten und Germanen zum Vergiften von Pfeil- und Lanzenspitzen verwendet, aber auch sie benützten das Holz bereits zur Abwehr von bösem Zauber. Plinius der Ältere berichtete von giftigen und todbringenden Weinbechern aus Eibenholz und Dioskurides hielt es sogar für lebensgefährlich, wenn man in ihrem Schatten schlief. Als Zeichen der Trauer bekränzte man sich mancherorts mit Eibenzweigen, wie der Baum überhaupt in Nordwesteuropa gerne als

Man sieht der alten Eibe die Jahrtausende nicht an.

Friedhofsbaum genommen wird. Dafür gilt er in Salzburg als Weihnachtsschmuck! Hier im Allgäu baute man aus Eibenholz bevorzugt den Steckhag, einen Zaun.

Eiben sind im Herbst, wenn das Laub zu leuchten beginnt und die roten Beeren ihre volle Reife bekommen, am schönsten. Da sie sowohl Schatten als auch Rückschnitte ertragen, zählen sie zu den meistverbreiteten Heckenpflanzen. Der Baum ist dicht, wächst gleichmäßig und man kann ihn durch entsprechenden Schnitt auch als architektonisches Element verwenden. Besonders beliebt war die Eibe deshalb in den geometrisch angelegten barocken Gartenanlagen der absolutistischen Herrscher.

Eiben gehören zu den wenigen Baumarten, die in Deutschland nach der Bundesartenschutzverordnung von 1989 besonders geschützt sind. Allerdings sind sie nicht vom Aussterben bedroht, kommen sie doch in Gärten, Parks und Friedhöfen oft vor. Stark zurückgegangen ist ihr Bestand allerdings in der freien Natur. Die beiden Eiben bei Balderschwang wurden am 28. März 1978 als Naturdenkmal unter Schutz gestellt. Eine weitere Eibe im Allgäu, ebenfalls mit einem um die 2000 Jahre geschätzten Alter, wuchs im Bärgündletal bei Hindelang. Sie wurde leider das Opfer einer Lawine.

Wandervorschlag

Es gibt verschiedene Möglichkeiten. Man kann die Eibe beispielsweise bei einem kurzen Spaziergang besuchen. Etwas östlich des Kirchleins von Balderschwang befinden sich Parkmöglichkeiten entlang der Straße. Hier führt eine Asphaltstraße hoch, einer der vielen Wegweiser weist hier zur alten Eibe, die anderen zeigen ausgedehntere Touren an.

Man könnte dabei über die Obere Wilhelmine Alpe zum Siplinger Kopf aufsteigen, vielleicht noch weitergehen zum Heidenkopf und zum Girenkopf. Danach kehrt man auf dem Anstiegsweg zurück. Es besteht aber auch die Möglichkeit, von den Gipfeln aus oder (harmloser) vorher schon vom Abzweig bei der Oberen Balderschwanger Alpe nach Westen zu wandern. Über Stillberg und Samstenberg erreicht man auf dem Gratweg die deutsch-österreichische Grenze, hier geht es nach links bergab. Über der Straße kommt man dann zurück nach Balderschwang.

Ausgangspunkt: Balderschwang.
Zeit: Hin und zurück in etwa 1 Std. (nur Eibe).
Höhenunterschied: Etwa 100 m (nur Eibe).
Empfohlene Wanderkarte: UK L 8 Allgäuer Alpen, Bayerisches Landesvermessungsamt.
Öffentliche Verkehrsmittel: Busverbindung ab Fischen.
Sonstiges: Zur Eibe führt ein Asphaltsträßchen. Zu den Gipfeln und auf dem Gratweg ist es eine Bergtour, bei der man die üblichen Vorsichtsregeln beachten sollte.
Informationen: Verkehrsamt, Dorf 16, 87438 Balderschwang, Tel. 0 83 28/10 56, www.balderschwang.de

20 Des Allgäus einzige begehbare Höhle
Die Sturmannshöhle

Am 1386 Meter hohen Schwarzenberg bei Obermaiselstein erkennt man in den hellen Schrattenkalkfelsen des Nordostfußes in einer Höhe von 980 Meter einen dunklen Spalt: die Sturmannshöhle. Die früher Sturmatzloch genannte Sehenswürdigkeit ist die einzige begehbare Höhle des Allgäus.

Die Höhle ist von Legenden und Sagen umwoben, die man sich in der Gegend erzählt. Sie handeln von den Höhlenfräulein Maringga, Tschudre Mudre und Stuzze Muzz, die zusammen mit einem Höhlendrachen und anderen finsteren Geistern die dunklen Löcher in der Felswand angeblich als ihre Wohnstätte nutzten.

Eine erste Erforschung unternahm der Allgäuer Heimatforscher Dr. Geiger, der 1815 in die Höhle eindrang, aber nur ein kurzes Stück schaffte. Der nächste war der Revierförster Wacker aus Fischen, der jedoch fast erstickte, *»da seine Begleiter sich einfallen ließen, am Höhleneingang ein Feuer anzuzünden.«* Weitere Forschungsversuche folgten in den Jahren 1854, 1874 und 1877. Der königliche Realschulprofessor a. D. Dr. Reiser startete einen Vorstoß, über den er am 17. Mai 1886 berichtete. Schließlich konnte der Lehrer Franz Xaver Epplen aus Obermaiselstein mit Hilfe einer Azetylenlampe, einer neuen Erfindung, am 2. September 1904 weiter in die Höhle eindringen. Im gleichen Jahr ließ sich ein junger Oberstdorfer an einem Seil an einer Stelle, die bislang für unpassierbar gehalten worden war, hinab und drang bis zum Höhlenbach vor.

Man gründete einen Höhlenbauverein, der jedoch nicht auf allzu großes Interesse stieß, denn er verzeichnete lediglich neun Bürger aus Obermaiselstein als Mitglieder. Er machte aber die Höhle in den Jahren 1904 und 1905 für Besucher zugänglich. Bis zum Sommer 1906 konnten somit 2800 Personen die Höhle betreten – mit Kerzen ausgerüstet und »nicht immer ohne Angst«. 1906/07 installierte man Glühlampen, um die Kamine und Schächte zu erleuchten.

Das Gebirge vom Hohen Ifen im Süden bis zum Besler im Norden gehört der Kreideformation vor etwa 120 Millionen Jahren an; hier sieht man den flach gewölbten zerklüfteten weißen Kalkstein (Schrattenkalk) aus den dunklen Wäldern herausleuchten. Es handelt sich um Sedimentgesteine, die aus den kalkigen und kieseligen Resten abgestorbener Meerestiere aus dem Schelfbereich (als Schelf bezeichnet man den Festlandsockel der Kontinente, der bis zu 200 Meter unter dem Meeresspiegel liegt) des Tethysmeers hervorgingen. Als sich im Tertiär vor rund 35 Millionen Jahren die Gebirge bildeten, wurde der Schrattenkalk und die ihn umgebenden Sandsteine und Mergel in Falten gelegt. Eine der dadurch entstandenen Schichtfugen wurde im Laufe der letzten zwei Millionen Jahre durch die Erosionskraft des Wassers aus der Höhle ausgeschwemmt, indem der Kalk durch kohlensaures Regen- und Schmelzwasser aufgelöst wurde; außerdem entfaltete der mitgeführte Sand seine Schmirgelkraft. So entstanden die Kolke und Schlote der Höhle.

Der Fels bildet zahlreiche Einbuchtungen und Aushöhlungen, in denen schon die Kelto-Romanen Unterkunft und Schutz gefunden haben. Die Höhle entstand in der frühen Eiszeit (Diluvium) vor etwa 600 000 Jahren. Gewaltige Kräfte haben durch Heben und Senken die mächtigen Kalksteinschichten fast senkrecht gestellt und dabei Zwischenräume aufgerissen. Die Wasser des Schwarzenbergs flossen hinein und wuschen die anfangs vermutlich engen Schluchten zu einer geräumigen Höhle aus – die Spuren sind an den Wänden noch zu erkennen. Das Wort Sturmatz bedeutet im Mittelhochdeutschen »Lärm, Getöse« und deutet auf das Wasser hin, das im Hintergrund rauschte und brauste. Auch heute sieht man noch im Verlauf des Höhlenbachs die Richtung des früheren Bettes, wobei das Wasser allerdings zum heutigen Höhleneingang und nicht wie jetzt zum Fallenbach floss. Damals war die Menge auch viel beträchtlicher als heute, wo man nur noch bei langen und starken Regenfällen oder bei der Schneeschmelze einen rund 22 Meter hohen Wasserfall zu sehen bekommt.

Mittlerweile zählt die Sturmannshöhle rund 45 000 Besucher jährlich, seit 1996 kann man sie auch im Winter aufsuchen. Die Höhle beginnt mit einer großen Vorhalle, der ein schmaler Gang ins Innere folgt. Er verläuft in einer bei der Alpenfaltung entstandenen Verwerfung, einer natürlichen Kluft zwischen zwei Gesteinslagen.

Über 180 Stufen erreicht der Besucher das Innere. Die Höhle ist auf 360 Meter begehbar und weist sommers wie winters eine Temperatur von + 4–5 Grad Celsius auf. Man wandert über einen sechzig Meter langen Stollen zum »Kreuzeck« und durch das

Ein Besuch der Sturmannshöhle ist immer ein beeindruckendes Erlebnis.

»Törle« in eine typische Spalthöhle mit zwei Stockwerken, von denen das obere zugänglich ist. Auf künstlich angelegtem Weg kommt man dann durch das »Drachenloch« in die Schachthöhle. Beim »Theater« stehen dünne Felswände nebeneinander, faszinierend ist auch der hoch hinauf beleuchtete »Adlerschacht«. Weiter geht es durch den »Höhlenrachen« zum »Höhlenkessel«. Hier befand sich früher ein kleiner See, der von unten gespeist wurde. Dieser Zufluss versiegte aber infolge eines Erdbebens im Mai 1943 und das Wasser fand einen tieferen Abfluss. Man steigt 62 Meter zum Höhlenbach hinab und hat eine 300 Meter hohe Felsdecke über sich.

Das Wasser aus der Höhle tritt etwa 300 Meter entfernt wieder ans Tageslicht, ein Teil davon strömt im Fallenbach zum Rotfischbach. Als Karstquelle ist der Wasserfluss unterschiedlich, bei der Schneeschmelze natürlich am stärksten. Je nachdem stürzt der Bach deshalb aus der hohen Felswand als Wasserfall herab oder quillt als kleines Bächlein tiefer aus dem Fels.

Wandervorschlag

Ab Obermaiselstein geht man über die Ortsstraße, am Feuerwehrhaus und am Modegeschäft vorbei und biegt nach hundert Metern nach links ab. Nun spazieren wir auf einer schmalen Asphaltstraße zum Kassenkiosk und von dort leicht ansteigend zum Eingang der Sturmannshöhle.

Man kann auch von dem kleinen Parkplatz am so genannten »Hirschsprung« (ein mächtiges Felstor, wo ein Hirsch auf der Flucht vor einem Luchs über die Schlucht gesprungen sein soll) an der Engstelle der Straße von Obermaiselstein nach Tiefenbach aus zur Höhle gelangen. Hierbei spaziert man über den zum hundertjährigen Jubiläum eingerichteten Sagenweg, vorbei an den Stationen der Sagen – insbesondere ein für Kinder interessantes Erlebnis – zum Kassenkiosk.

Ausgangspunkt: Obermaiselstein.
Zeit: Je etwa 1/2 Std.
Empfohlene Wanderkarte: Blatt UK L 8 Allgäuer Alpen, Bayerisches Landesvermessungsamt, Wanderkarte Obermaiselstein.
Öffentliche Verkehrsmittel: Busverbindung.
Sonstiges: Am besten parkt man beim Haus des Gastes. Führungszeiten: Mai–Nov 9.30–16.00, 26. Dez–1. So nach Ostern tgl. 11.00–16.00.
Informationen: Obermaiselstein Tourismus, Haus d. Gastes, Am Scheid 18, 87538 Obermaiselstein, Tel. 0 83 26/2 77, www.obermaiselstein.de
Kasse: Tel. 0 83 26/3 83 09.
Literatur: Obermaiselstein Tourismus (Hg.): Sturmannshöhle. Dieter Buck: Sagenwandern im Allgäu, Innsbruck 2006.

21 Der Sturzbach, der über Felsen springt
Die Starzlachklamm

Die Starzlach entspringt zwischen Wertacher Hörnle und Grünten auf 1 070 Meter Höhe und mündet nach vielen Zuflüssen aus den umliegenden Bergen bei Sonthofen in die von Hindelang kommende Ostrach (»die von Osten kommende«), die ihrerseits kurz darauf in die Iller fließt. Der Name Starzlach bedeutet »über Felsen springende Ach«, »Sturzbach«. Der besondere Reiz der ursprünglich vierzig bis fünfzig Meter höher liegenden Klamm sind die trockenen Wassermühlen, die hohen, wildromantischen Nebenklammen und der imposante Einbruch des torartigen Felsdaches. Man trifft auf schäumende Wasserstrudel, riesige Wassermühlen, Wasserfälle und eine Trockenklamm.

Erzkalke, Schrattenkalk, Nummulitenkalk und der darüber liegende Stadschiefer wurden hier in Millionen von Jahren ausgewaschen. Die Starzlachklamm ist nicht nur die Heimat der schönen, versteinerten Krabbe (Xanthopsis Sonthofiensis), sondern auch eine Nummulitenklamm. Unter Nummuliten versteht man Tiere mit linsen- oder scheibenförmiger Kalkschale (lat. nummus, »Münze«). Sie besitzen ein durchlöchertes Gehäuse und gehören zum Geschlecht der Rhizopoden (Wurzelfüßler) und der Ordnung der Forminiferen, die bei der Alpenbildung vor 30 Millionen Jahren im Meeresschlamm verschwanden. 15 verschiedene Arten hat man hier entdeckt. Im Chiemgau übrigens mussten nach einem alten Brauch die Besucher der Wallfahrtskirche Maria Eck (zwischen Siegsdorf und Ruhpolding) so genannte Eckernpfennige mitbringen – ebendiese versteinerten Tierchen, die einen Durchmesser von bis zu sechs Zentimetern erreichen konnten.

Am Anfang der Klamm überrascht vor allem das Blocklabyrinth, am interessantesten für geologisch interessierte Besucher ist jedoch der obere Teil, der zahlreiche rötlich gefärbte Erzkalke mit Nummuliten aufzuweisen hat. Aber auch am Klammende, wo die Schichten mit eingesprengten dickbankigen Grünsandkalken beginnen, bieten sich sehenswerte Aufschlüsse. Beeindruckend sind die drei Riesentöpfe links vom Wasserfall: ausgewaschene mächtige Wassermühlen und die trockene Hochklamm, die so genannte Fallstube oberhalb.

Einst betrieben Knappen in der Klamm ein Eisenbergwerk und einen Schmelzofen. Das Wasser wurde auch als heilkräftig

Die Starzlachklamm ist eine der bekanntesten Natursehenswürdigkeiten im Allgäu.

angesehen, und so gab es schon im 16. Jahrhundert in Winkel eine Badstube. Die Klamm wurde 1932 vom Sonthofener Baumeister F. X. Ammann erschlossen und 1949 wieder zugänglich gemacht, nachdem sie im Krieg schwer beschädigt worden war. 1983 war eine Sanierung fällig, damals erbaute man auch die Klammhütte neu. Betreiber der am 12. Mai 1951 als Naturdenkmal unter Schutz gestellten Klamm ist der Verkehrsverein Sonthofen.

Die vorgeschlagene Wanderung ist kurz, denn in einer Stunde spaziert man gemütlich durch die Klamm, etwas weniger benötigt man für den Rückweg. Ausdauernde Wanderer verbinden die Tour deshalb mit einer Besteigung des Grünten. Der gut gesicherte Steig windet sich an dicht bewachsenen, steilen Hängen, an senkrechten, zersägten Felswänden und an wilden Wasserstrudeln vorbei. Manchmal muss man sich sogar unter den Felsen bücken, bis man das Felstor unter der Dreitorhütte erreicht.

Wandervorschlag

Verlaufen kann man sich eigentlich nicht. Der Weg zur Schlucht ist vom Parkplatz aus gut bezeichnet. Am Ende geht es nach links steil hinauf. Wenn wir aus dem Wald herauskommen, wandern wir am Wegkreuz – falls wir nicht auf der Alpe Topfen einkehren möchten – geradeaus weiter bis zum Sträßchen und dort nach links. Kurz nach dem Gasthaus weist uns der Wegweiser nach links in Richtung »Parkplatz Winkel«. Wir wandern kurz nochmals etwas aufwärts, dann durch den Wald und über Wiesen steil hinab zum Ausgangspunkt.

Ausgangspunkt: Winkel.
Zeit: Etwa 2–3 Std.
Länge: Etwa 4 km.
Höhenunterschied: Etwa 250 m.
Empfohlene Wanderkarte: UK L8 Allgäuer Alpen, Bayerisches Landesvermessungsamt.
Öffentliche Verkehrsmittel: Sonthofen ist Bahnstation.
Sonstiges: Wir wandern auf steinigem, rutschigem, aber immer gut durch Geländer gesichertem Steig. Gutes Schuhwerk sollte man anhaben. Öffnungszeiten: Mai–Okt tgl. 9.00–18.00.
Informationen: Gästeamt, Rathausplatz 1, 87527 Sonthofen, Tel. 0 83 21/61 52 91, Jun–Sep Mo–Fr 8.00–17.00, Sa 9.00–12.00, Okt–Mai Mo–Fr 8.00–12.00, 13.00–17.00, Sa 9.00–12.00, www.sonthofen.de

22 Felsen und weite Sicht
Über den Hinanger Wasserfall zu den Sonnenköpfen

Einer der kleineren Wasserfälle des Allgäus ist der Hinanger Wasserfall. Er beginnt mit verschiedenen kleinen Terrassen, über die das Wasser hinabstürzt. Über Stufen und gut mit Geländern gesichert geht es dann zum großen Fall, der in einem starken Strahl mit schönem Schleier etwa zwölf Meter herabfällt. Der Wasserfall hat sich eine meterlange, schmale Kerbe durch das felsige Dach gesägt. Beeindruckend sind auch die mächtigen, überhängenden Nagelfluhfelsen, die z.T. über und über mit Moos bewachsen sind. Auch unterhalb liegen bemooste, zum Teil riesige Felsbrocken, die früher einmal herabgestürzt sind. Von einem unglücklich verlaufenen Kletterversuch berichtet ein Marterl.

Die hier vorgeschlagene Wanderung führt anschließend weiter auf den aussichtsreichen Sonnenkopf, und auf dem Rückweg spazieren wir durch prächtige Almmatten mit herrlicher Sicht ins Illertal.

Wandervorschlag

Wir spazieren erst auf dem Sträßchen bis zur kleinen Kirche in Hinang und biegen vor ihr nach links ab in Richtung »Hochweiler« bzw. »Wasserfall«. Gleich nach der Unterquerung der Landstraße geht der Weg zum Wasserfall nach rechts in den Wald hinein. Als Markierung halten wir uns vorerst an die Nummern 5 (»Sonnenköpfe«) und 7 (»Sonnenklause«). Wir wandern nun am Bach entlang, vorbei an kleinen Terrassen, bis zum großen Wasserfall. Hier zieht der Weg nach rechts und führt unterhalb der überhängenden Felswände aus dem Wald hinaus.

Wir folgen ihm aber nicht bis zum Sträßchen, sondern bleiben am Waldrand links. Hier spazieren wir gleich wieder hinein in den Wald und hinab zum Bach, der uns nun munter plätschernd begleitet. Wir kommen auf seine linke Seite und gehen bis zu einem Wegweiser, wo wir zur »Sonnenklause« nach rechts verwiesen werden. Nun überqueren wir wieder das Wasser, verlassen den Wald und stoßen auf die Straße, der wir nach links hinauf zur Sonnenklause folgen. Wir gehen an den Häusern noch vorbei,

Der Hinanger Wasserfall bietet eine Vielzahl hübscher Details.

nun mit den Markierungen 5 und 6 (»Altstädter Hof«). Der Weg zieht nach rechts bergauf bis zu einer Verzweigung, wo wir uns rechts zu den »Sonnenköpfen« orientieren.

Etwas später verlassen wir den breiten Forstweg und halten uns an den links abgehenden schmalen Steig. Wir richten uns nach der guten Markierung, den roten Punkten an den Bäumen oder den rot angestrichenen Pflöcken, überschreiten einen Almweg und steigen praktisch in der Fall-Linie steil bergauf. Kurz nach der »Diana Jagdhütte« kommen wir zum Grat, auf dem wir nach rechts zum Kreuz und danach zum Gipfel des Sonnenkopfes weiterwandern. Am 1993 von der Musikkapelle Altstädten errichteten Kreuz halten wir uns rechts und steigen auf dem unmarkierten Pfad ab bis zur Entschenalpe. Hier geht es nach rechts nach »Schöllang«. Etwas später werden wir nach links nach »Schöllang Eybachtobel« verwiesen, von dort aus bergab bis zu einem breiteren Weg.

Wir überqueren ihn, falls der Steig durch den Tobel offen ist. Ist er aber gesperrt, orientieren wir uns nach rechts und gehen über eine Weidefläche bis zu einem kreuzenden Weg, wo wir uns rechts in Richtung »Schöllang« halten. Wir steigen weiter hinab bis vor die Brücke, die den Eybach überquert (hier endet auch der Tobelweg). Mit dem Schild »Hinanger Wasserfall Schöne Aussicht« biegen wir nach rechts ab. Es geht erst etwas hinauf, dann ein Stück durch den Wald nach links und schließlich über herrlich aussichtsreiche Almflächen weiter. Schließlich erreichen wir auf schmalem Wiesenpfad das Sträßchen, das von Hinang zur Sonnenklause führt. Wir können nun entweder auf dem Asphalt bleiben oder auf dem bekannten Weg am Wasserfall vorbei nach Hinang absteigen und zum Ausgangspunkt spazieren.

Ausgangspunkt: Ein Wanderparkplatz befindet sich dort, wo südlich von Altstädten die nach Hinang hineinführende Straße von der Landstraße abzweigt.
Zeit: Etwa 5–6 Std.
Länge: Etwa 10 km.
Höhenunterschied: Etwa 950 m.
Empfohlene Wanderkarte: UK L8 Allgäuer Alpen, Bayerisches Landesvermessungsamt.
Öffentliche Verkehrsmittel: Busverbindung ab Sonthofen.
Sonstiges: Leichte Wanderung, aber nach dem Wasserfall steiler Anstieg ohne Schatten. Möglich von Mai–Nov.
Informationen: Gästeamt, Rathausplatz 1, 87527 Sonthofen, Tel. 0 83 21/61 52 91, Jun–Sep Mo–Fr 8.00–17.00, Sa 9.00–12.00, Okt–Mai Mo–Fr 8.00–12.00, 13.00–17.00, Sa 9.00–12.00, www.sonthofen.de

23 Durch den Tobel in die Bergwelt
Reichenbachtobel und Geißalpsee

Einer der schönsten Tobel im Allgäu ist der Reichenbach- oder Geißalptobel mit seinen Wasserfällen. Er hat zwar durch die Wildbachverbauung viel von seiner ursprünglichen Natur verloren, aber es gibt doch noch einige Stellen, wo das Wasser wild in kleinen Kaskaden über mächtige Steine herabstürzt und Strudel, Gumpen und kleine Wasserfälle bildet.

Der Tobelweg führt zur Gaisalpe, einem Gasthaus, das auf einem herrlichen Aussichtsbalkon liegt. An einem einfachen Weg reihen sich Wasserfälle bis zum Geißalpsee, wobei der größte direkt davor zu finden ist. Den rund 300 Meter langen Bergsee – einen von sechs im Gebiet zwischen Nebelhorn und Daumen – sollte man unbedingt aufsuchen.

Sie alle sind Karseen und verdanken ihre Entstehung eiszeitlichen Gletschern. Sie bildeten sich, weil die Gletscher Moränenwälle aufschütteten oder Wannen ausschürften. Hier an dieser Stelle arbeiteten sogar zwei Gletscher: der riesige Illergletscher, der für den steilen Bergabfall vom Nebelhorn nach Reichenbach verantwortlich war, und der kleine Geißalpgletscher, der die Mulde für die beiden Geißalpseen schuf, die hinter wallförmigen Karriegeln liegen. An der Ostflanke des Rubihorns gibt es zwar noch zwei weitere Kare, diese sind jedoch schon weitgehend verschüttet. Das Firneis dieser Mulden nährte in der Eiszeit – als die Schneegrenze rund 1500 Meter tiefer lag – den kleinen Geißalpgletscher, der am Ausgang des Reichenbachtales in den großen Illergletscher floss. Der Reichenbachtobel ist ein Fundort für besonders gut erhaltene versteinerte Pflanzenreste. Die kohligen Abdrücke von Blättern findet man auf den Schichtflächen feinkörniger Sandsteine; sie werden wegen ihrer Häufigkeit auch als »Blättermolasse« bezeichnet. An der Gaisalpe trifft man auf vulkanisches Gestein, den so genannten Diabasporphyrit oder Alpenmelaphyr. Klüfte sind dabei manchmal mit Natrolith verheilt, einem weißen, strahligen Mineral, das bei Mineraliensammlern sehr begehrt ist.

Auf der empfohlenen Wanderung gibt es viele Stellen mit prächtiger Sicht in die Bergwelt und ins Illertal; anspruchsvolleren und geübten Bergsteigern bieten sich anschließend noch weitere Möglichkeiten.

Geißalpsee mit dem Geißalphorn

Wandervorschlag

Ein breiter Weg führt uns am Bachufer bergauf; an der Stelle, wo er nach rechts zieht, steigen wir geradeaus am Wasser entlang weiter hinauf (»Tobelweg«). Nun hört auch die betonierte Wildbachverbauung auf und wir haben schöne Ausblicke auf den Bach. Nach einiger Zeit verlassen wir den Wald und gehen weiter ansteigend über die Weide zum Gasthaus Gaisalpe (1 149 m).

Wer die Tour noch etwas ausdehnen und zum Geißalpsee möchte, folgt hinter dem Haus der Beschilderung. Es geht immer aufwärts und durch ein Waldstück hindurch. Danach überqueren wir einen breiteren Alpweg, gehen aber auf dem schmalen Pfad geradeaus weiter. Er führt uns aufwärts, an kleineren Wasserfällen und Bachläufen vorbei, bis wir schließlich vor dem Geißalpsee stehen. Vor ihm stürzt der größte der Wasserfälle hinab.

Nun gibt es verschiedene Möglichkeiten. Man kann am See entlangspazieren und dahinter nach rechts zum Rubihorn aufsteigen oder am See in Richtung »Edmund-Probst-Haus« gehen. In diesem Fall wandert man weiter hinauf zum oberen See und danach zu einer Verzweigung. Nun hält man sich links (»Gängele Retterschwang Hindelang«). Es geht erst ein Stück weiter empor bis zum Steilabsturz vor dem Gängele. Bis dorthin ist der Weg recht einfach. Da die Aussicht von hier oben bereits prächtig ist, kann man sich mit diesem »Gipfel« begnügen.

Wer jetzt noch nicht genug hat, wandert etwas bergab bis zum Sattel, wo es nach rechts ins Retterschwangtal ginge. Hier steigt man aber wieder hoch in Richtung Entschenkopf. Die Tour bleibt alpin, der Weg bringt etliche An- und Abstiege mit sich. Man kann nach dem Entschenkopf nach links hinuntergehen und über die Rubialm zur Gaisalpe zurückkehren. Wem dies noch nicht reicht, der wandert weiter über den Schnippenkopf und den Heidelbeerkopf bis zum Sonnenkopf, geht nach links steil bergab bis zur Entschenalm und kehrt von dort aus zurück zur Gaisalpe. Von hier aus kommt man auf dem Waldweg, vorbei an der kleinen Gaisalpkapelle, zurück zum Ausgangspunkt.

Ausgangspunkt: Reichenbach; einen Parkplatz finden wir am südlichen Ortsende, wo es zum Wald hoch geht.

Zeit: Je nachdem, z.B. bis zum Gängele etwa 6 Stunden.

Höhenunterschied: Je nachdem: Seehöhe von Reichenbach 867 m, Gaisalpe 1149 m, unterer See 1509 m, oberer See 1769 m, am Gängele etwa 1800 m, Entschenkopf 2043 m, Rubihorn 1957 m.

Empfohlene Wanderkarte: UK L 8 Allgäuer Alpen, Bayerisches Landesvermessungsamt.

Öffentliche Verkehrsmittel: Bus ab Sonthofen nach Reichenbach.

Sonstiges: Bis zur Gaisalpe problemlose Wege (im Tobel etwas rutschig), bis zum oberen See und weiter bis zum Gängele alpine Steige, die aber gut zu gehen sind, Trittsicherheit ist allerdings erforderlich. Danach wird es etwas anspruchsvoller, heikle Stellen sind durch Seilsicherungen entschärft. Möglich von Ende Mai–Ende Oktober.

Informationen: Gästeservice, Am Anger 15, 87538 Fischen, Tel. 0 83 26/3 64 60, www.fischen.de

24 Eine der schönsten Schluchten
Die Breitachklamm

»Hohe Felswände, senkrecht abfallend, bilden eine circa 200 F tiefe, enge, wohl eine Viertelstunde lange Schlucht, durch welche sich die Breitach, in wildem Trotze gegen die Felsen stürmend, hindurchwälzt. Von dem Stege, der über die Schlucht führt, kann man sicher in die dunkle, schaurige Tiefe schauen, wo die Wasser im zürnenden Eifer am tiefen Schachte weitergraben.«
Josef Buck, 1856

Die Breitach – die »breite Ach« – ist zusammen mit der Trettach und der Stillach einer der Quellflüsse der Iller. Interessant ist, dass sich alle drei Bergbäche an einer einzigen Stelle vereinigen, und zwar bei Mittelberg-Baad im Kleinen Walsertal. Zwischen Oberstdorf und Tiefenbach bei der Walser Schanz durchbricht die Breitach einen mächtigen Felsklotz aus Schrattenkalk, der sich einst auf dem Grund des Meeres der Kreidezeit abgelagert hatte. Mit dem Abschmelzen der würmeiszeitlichen Gletscher vor 10 000 Jahren schuf sich der Fluss seine fast hundert Meter tiefe Schlucht, die stellenweise bis auf zwei Meter zusammenrückt. In einer Beschreibung des Immenstädter Arztes Dr. Karrer von 1832 heißt es: *»Die Schlucht ist 36 Klafter tief und oben kaum zwölf Schuh breit. Grauenerregend ist der Blick in den Abgrund, aber fast schauerlicher, über ihn zu kommen. Es führt nämlich ehemals ein elender nur drei Fuß breiter Steg, der aus zwei Längen Holz gefertigt war, über die grausige Tiefe.«* (Ein Klafter entsprach der Länge der ausgebreiteten Arme eines erwachsenen Mannes, also etwa 1,80 Meter.)

Erstmals wurde die Klamm wohl im Jahr 1857 begangen, weil dem Oberstdorfer Förster namens Schwarzkopf ein Hirsch in die Schlucht stürzte. Daraufhin ließ sich Seraphim Schöll aus Tiefenbach gegen eine Entschädigung von 25 Gulden an einem Seil hinab, um ihn zu bergen. Als dies zunächst nicht gelang, versuchte sein Helfer Speiser sein Glück und weidete den Hirsch aus, so dass man ihn schließlich hochziehen konnte. 1901 bekam Tiefenbach einen neuen Pfarrherrn, Johannes Schiebel. Ihm gelang es, die Angst seiner Mitmenschen vor den brausenden und tobenden Naturgewalten in der Schlucht zu überwinden und den Weg zu einer Erschließung der Klamm zu ebnen – wobei Sprengungen einen nicht unwesentlichen Anteil hatten. Als Un-

Die Breitachklamm muss man einfach gesehen haben!

ternehmer wurden Johann und Giovanni Lucian aus Primiero in Italien gewonnen, nachdem kein Deutscher das Wagnis anpacken wollte. Am 4. Juni 1905 wurde die Klamm eröffnet.

Heute führt der teils in den Fels gesprengte, 1780 Meter lange Weg vorbei an Wasserfällen, über Strudellöcher, Felsstufen und Kaskaden; es tost und tobt, es röhrt und pfeift, Kolke und Wassermühlen drehen sich. Schaut man in die Höhe, entdeckt man oben seltsame Kugelfacetten: Dies sind die Reste einstiger Wassermühlen, die entstanden, als die Klamm noch nicht so tief ausgeschürft war. In ihnen drehten sich die Steine durch die Kraft des Wassers und so wurde die Schlucht nach und nach vertieft. Die Arbeit der Natur geht noch weiter: Die Breitach gräbt sich immer tiefer in den Fels ein, und ab und zu haben schon Hochwasserkatastrophen schwere Schäden verursacht – bis zu vier Meter über der Steiganlage ist das Wasser schon gestiegen.

Die Schlucht wurde am 15. Dezember 1949 als Naturdenkmal unter Schutz gestellt. Die Durchwanderung alleine ist nur ein kurzer Spaziergang, der untenstehende Vorschlag weitet die Tour noch etwas aus.

Wandervorschlag

Von Sonthofen kommend, fahren wir zum ersten Klammeingang vor der Breitachbrücke, kurz vor der Einfahrt ins Kleinwalsertal. Nun durchwandern wir die Klamm bis zum hinteren Eingang. Danach kann man die Tour beenden, was allerdings schade wäre.

Also wandern wir am Fluss entlang weiter. Anfangs bietet sich uns eine gewaltige Bergsturzszenerie mit hausgroßen Felsblöcken, danach wird die Breitach zusehends friedlicher. Schließlich orientieren wir uns nach rund einer dreiviertel Stunde an dem Schild nach rechts zum »Fuchsloch«. Der Weg zieht hoch zur Alpe, dort erst nach links, dann nach rechts zu einem Holzhaus. Hier folgen wir dem Schild nach rechts in Richtung »Tiefenbach«. Es geht nun bergab zu einem Zulauf der Breitach in einer recht wilden Schlucht. Nach der Brücke steigen wir wieder hoch bis zu einem breiten Weg, dem wir nach rechts (»Tiefenbach«) folgen. Immer in leichtem Auf und Ab, schließlich nur noch abwärts, erreichen wir einige schöne hölzerne Walserhäuser. Nach rechts zeigt dann ein Schild zum »Parkplatz Breitachklamm«. Nach kurzem steilem Abstieg stehen wir wieder am Ausgangspunkt.

Ausgangspunkt: Parkplatz Breitachklamm.
Zeit: Etwa 4 Std., Klamm alleine 1–2 Std.
Länge: Etwa 8 km.
Höhenunterschied: Breitachklamm etwa 130 m, insgesamt etwa 300 m.
Empfohlene Wanderkarte: UK L8 Allgäuer Alpen, Bayerisches Landesvermessungsamt.
Öffentliche Verkehrsmittel: Bahn bis Oberstdorf, ab hier Bus.
Sonstiges: Öffnungszeiten: Sommer 8.00–17.00, Winter 9.00–16.00, geschl. während der Schneeschmelze.
Informationen: Tourist-Information, Marktplatz 7, 87561 Oberstdorf, Tel. 0 83 22/70 00, Mo–Fr 8.30–12.00, 14.00–18.00, Sa 9.30–12.00, Klamm: Tel. 0 83 22/48 87, www.oberstdorf.de

25 Über die Naturbrücke
Am Schwarzwasserbach entlang

Diese Wanderung verläuft im Wald, entlang eines prächtigen Bergbaches und durch eine herrlich wilde, urwüchsige Natur mit Wasserfällen, bizarren Felsformationen, einem Moorgebiet und vielem mehr, was das Herz des Naturfreundes erfreut.

So wie der Rundweg hier beschrieben ist, trifft man als Erstes auf das Hochmoor Höfle. Ein solches Moor entwickelt sich aus einem verlandeten See einer ehemaligen Moräne, wobei das Höfle eines der am besten erhaltenen der Gegend ist. In einem Hochmoor haben sich abgestorbene Pflanzenteile unten abgelagert und die neue Vegetation wächst uhrglasförmig immer höher über den Grundwasserspiegel hinaus, zu dem sie schließlich keine Verbindung mehr hat. Man findet hier Moosbeeren, Scheidenwollgras, einige Seggenarten, Rosmarinheide und Schwalbenwurzenzian. Die tiefer liegenden, nassen Stellen, die Schlenken, sind mit Torfschlamm gefüllt; hier wachsen Pflanzen wie Schlammsegge, Fieberklee, Blumenbinse und der Fleisch fressende Sonnentau.

Die nächste Sehenswürdigkeit ist die Naturbrücke, zu der man auf einer Leiter hinabsteigen muss. Sie besteht aus wasserdurchlässigem Schrattenkalk. Der Bach verlief hier früher unterirdisch, durch die Auflösung des Höhlendaches blieb aber gerade noch diese Brücke stehen. Darauf wachsen sogar zwei Fichten! In der Nähe kann man Strudellöcher im Bachbett sehen; sie wurden durch Steine, die durch die Kraft des Wassers im Kreis herumgewirbelt wurden, ausgeschliffen. Kurz nach der Naturbrücke trifft man auf den Aubach, einen nur 200 Meter langen Bach, der das Wasser vom Gottesacker sammelt. Wer möchte, kann an der orografisch linken Seite bis zur mächtigen Quelle vorstoßen.

Später folgt eine Trockenwiese, die auf wasserdurchlässigem, kiesigem Moränenschutt steht. Hier wächst der einzige hoch wachsende Wacholderbusch (Iuniperus communis) des Kleinen Walsertales. Man findet neben einigen Orchideenarten Frühlingsenziane und andere trockenheitsliebende Pflanzen.

Was man immer wieder sieht, sind Wasserfälle; jeder eine Sehenswürdigkeit für sich! Auf dem Rückweg steht links des Weges in Wäldele ein uralter Ahorn, den wir zum Abschluss noch bestaunen können.

Im Hochmoor Höfle findet man zahlreiche seltene Pflanzen.

Wandervorschlag

Es gibt verschiedene Ausgangspunkte. Von Oberstdorf kommend biegt man am Anfang von Riezlern nach rechts ab nach Schwende. Kurz nach der großen Brücke liegt bei der kleinen Kapelle ein Parkplatz, wenn man noch weiterfährt, findet man vor dem Mahdtalhaus eine weitere Parkmöglichkeit. Man kann die Tour auch etwa in der Mitte beim Sportplatz in Au beginnen. Bei den Ausgangspunkten befinden sich gleichfalls Bushaltestellen.

Wer bei der Kapelle parkt, spaziert zuerst auf dem Sträßchen weiter bis zum Mahdtalhaus; hier geht es rechts am Haus vorbei hinab ins Schwarzwasserbachtal. Wir überqueren den Bach und kommen dahinter zum Hochmoor Höfle. An der Verzweigung halten wir uns rechts (»Naturbrücke«), dann gleich wieder links. Nach einiger Zeit sehen wir rechts den ersten Wasserfall. Danach halten wir uns rechts, dann gleich wieder links. Nun geht es auf einer Eisenleiter hinab zur Naturbrücke. Etwas später treffen wir auf einen querenden Weg, wobei rechts von uns der Aubach fließt. Wir biegen nach links ab, haben gleich noch mal einen prächtigen Blick zum Schwarzwasserbach und spazieren bis Au (dieses Wegstück benützen wir auch für den Rückweg).

Nun gehen wir geradeaus weiter, rechts am Sportplatz entlang. Bald folgt rechts die so genannte Trockenwiese. Ab jetzt sehen wir immer wieder Wasserfälle. Teilweise führt der Weg daran vorbei, teilweise kommt man auch auf Pfaden näher an sie heran. Hier sollte man aber vorsichtig sein, insbesondere mit Kindern (Absturzgefahr!). Einer der schönsten und größten Wasserfälle ist vierzig Meter hoch und stürzt in Kaskaden herab. In der Nähe sieht man auch interessante Auswaschungen, die so genannten Strudellöcher. Nach dem Wald spazieren wir kurz durch eine idyllische Auenlandschaft neben dem nun ganz friedlichen Bach, dann folgt ein weiterer Wasserfall. Nun schraubt sich der Weg in Serpentinen hinauf zu einer Straße. Kurz vor ihr kann man nach rechts auf eine Brücke gehen, hier sieht man in einem wilden Kessel mit hohen Mauern den letzten Wasserfall.

Auf der Straße gehen wir kurz rechts, gleich darauf nochmals. Es geht nun unterhalb der Kürenfelsen, die die untere Begrenzung der Gottesackerwände bilden, zurück. Auf dem Asphaltsträßchen durchwandern wir Wäldele. Nach einiger Zeit steht links ein alter Ahorn. Bald fällt die Straße hinab zum Sportplatz von Au. Hier gehen wir nach links ein Stück auf bekanntem Weg, dann nach rechts zur Naturbrücke. Wir behalten aber unsere Richtung bei, steigen nach der Brücke über den Aubach wieder etwas an, und spazieren in Richtung »Schwende« gemütlich zurück zum Mahdtalhaus.

Ausgangspunkt: Riezlern bzw. Schwende/Kleinwalsertal.
Zeit: Etwa 3–4 Std.
Länge: Etwa 8 km.
Höhenunterschied: Etwa 300 m.
Empfohlene Wanderkarte: Blatt 03 Oberstdorf Kleinwalsertal, Kompass Wanderkarte.
Öffentliche Verkehrsmittel: Walserbus: Auskunft und Fahrpläne bei Kleinwalsertal Tourismus (s. u.).
Sonstiges: Durchgehend guter, gepflegter Weg, ein Abstieg auf einer Leiter. Es gibt unterwegs einige Bushaltestellen, an denen man die Tour unterbrechen kann. Bergschau im Walserhaus. in dieser Naturinformation werden Landschaft, Pflanzen, Tiere, Kultur- und Nutzungsformen erläutert. Tel.: ++43/55 17/5 11 40, www.bergschau.com
Informationen: Kleinwalsertal Tourismus, im Walserhaus, D-87568/A-6992 Hirschegg, Tel. ++43/55 17/5 11 40, www.kleinwalsertal.com

26 Schratten und Karren
Das Gottesackerplateau

»Der Turist betrete eine der weiß gebleichten Steinplatten, die, weit in das Gewirr der Zacken und Klüfte sich erstreckend, leichten Zugang zu dieser Zauberwelt verheißt! Kaum sind wenige Schritte auf der glatten Kalkfläche zurückgelegt, so hindert plötzlich eine breite Kluft ein weiteres Vorwärtsschreiten. Der finstere Schlund ist zu breit, um übersprungen werden zu können, und der Wanderer ist deshalb genötigt, die eingeschlagene Richtung zu verändern.« A. Waltenberger, 1877

Wohl das beeindruckendste Kalkmassiv des Allgäus ist das Gottesackerplateau im Grenzbereich des Kleinen Walsertals und Deutschlands. Entstanden ist es, als das ursprünglich zusammenhängende flache Gewölbe des Gebirgsmassivs in Urzeiten in drei Längsrissen (Ifen und die beiden Gottesackerwände) abbrach.

Der etwa zwölf Quadratkilometer große Gottesacker ist das größte Kalkplateau in Bayern. Das Karrenfeld aus Helvetischer Kreide ist ein wahres Eldorado für Geologen und Botaniker. Es misst von Nord nach Süd etwa drei, von West nach Ost etwa vier Kilometer. Das Aussehen der verkarsteten Hochfläche wird gelegentlich wie das eines plötzlich erstarrten Gletschers beschrieben, denn sie besitzt alle Merkmale, wie sie auch im Steinernen Meer, auf dem Krippenstein oder der Übergossenen Alm vorkommen.

Die »Karren« oder »Schratten« – eine Bezeichnung, die aus dem Alemannischen kommt – sind die von tiefen Rillen durchfurchten Felsen mit vorstehenden, oft sehr scharfen Rippen. Ihre Zerfurchung und allmähliche Zerstörung haben sie einer chemisch bedingten Auflösung zu verdanken, die vom Schmelz- und Regenwasser bewirkt wird, ebenso der mechanischen Wirkung des fließenden Wassers. Diese Karrenfelder sind Felsbildungen der Kreidezeit; die durch die Alpenhebung und Gebirgsdruck entstandenen Klüfte im Innern wurden ebenfalls durch die auslaugende Wirkung des Wassers noch vergrößert, so dass sich große Höhlen und Dolinen (insgesamt etwa achtzig) bildeten – ein Phänomen, das man ja auch von anderen Kalkgebieten her kennt.

Im westlichen und nordwestlichen Teil des Plateaus *»wird die Zerklüftung zum Triumph der Unregelmäßigkeit«*, wie die beiden Altmeister der Allgäuer Alpin- und Heimatliteratur Frey und

Die ausgewaschenen Felsen auf dem Gottesackerplateau erinnern an moderne Kunst.

Weitnauer 1968 schrieben. Auch die Fortsetzung ist lesenswert und vermag die Phantasie anzuregen: »*Den Eintiefungen entsteigen Felsgebilde, die je nach Sonnenstand Schatten phantastischer Spukgestalten an die grellen Kalkwände zeichnen. An manchen*

Stellen starrt es wie in einer mittelalterlichen Waffenkammer von Hellebarden aus Stein, scharf zugespitzten Lanzen und Dolchen; sogar elegant gerundete, wenige Zentimeter starke Schilde, Schlachtbeile und Sturmhauben fehlen nicht. Anderswo scheinen aus dem Fels korinthische Säulen herausgehauen.«

Die ganze Hochfläche besitzt eine überaus reichhaltige Kleinflora und steht unter Naturschutz. Das dreißig Quadratkilometer große »Pflanzenschutzgebiet Hochifen und Gottesackerwände« gibt es seit 1964. Die schönste Zeit zur Begehung ist ab Mitte Juni, vor allem aber Ende Juli/Anfang August, wenn man zahlreiche Blütenpflanzen sehen kann: große, blaue Enziane, Frühlingsenziane, goldschimmernde Aurikel, tiefblaue Himmelsherolde, glutrote Steinrosen und vieles mehr!

Interessant ist auch Hölloch, das einen 76 Meter tiefen Eingangsschacht hat – wohl die tiefste Höhle im Allgäu. Man kommt an ihm beim Abstieg ins Mahdtal vorbei. Es wurde 1949/50 mitsamt dem ausgedehnten unterirdischen Höhlensystem von der Deutschen Gesellschaft für Karstforschung wissenschaftlich untersucht, nachdem bereits 43 Jahre früher die ersten Touristen auf eigene Faust eingestiegen waren. Weitere Forschungen fanden 1973–75 statt; die Wissenschaftler verbrachten bis zu vier Tage und Nächte in der Tiefe und das Ganze wurde sogar teilweise im Fernsehen übertragen. Die Höhle hat eine schräge Länge von 5 325 Metern. Neben dem Hölloch gibt es auch noch die Löwenhöhle im nordwestlichen Gottesackergebiet; sie verwandelt sich insbesondere dann, wenn das Schmelzwasser durch die Decke dringt, in eine phantastische Märchenlandschaft aus Eis.

Wandervorschlag

Man kann das Gottesackerplateau mit verschiedenen Touren besuchen. Die leichteste Wanderung führt zum Hahnenköpfle. Hierzu gönnt man sich ab der Auen-Hütte (1 280 m) die Fahrt mit dem Sessellift zur Ifen-Hütte (1 580 m) und wandert nun immer bergauf zur Bergstation des nur im Winter betriebenen Liftes, dann weiter zum bereits sichtbaren Hahnenköpfle (2 145 m). Schon bei der Bergstation hat man einen prächtigen Blick über das Gottesackerplateau und nach links zum Gipfel des Ifen, noch mehr sieht man dann von ganz oben. Einen ersten Eindruck von den Karren und Schratten des Kalkgesteins erhält man auch bei der kleinen Erhebung neben dem Gebäude mit der Fahne.

Zurück geht man denselben Weg, wobei man bei der Ifen-Hütte noch den kurzen Panoramaweg begehen kann, der rund 15 Minuten hoch über dem Schwarzwassertal verläuft und prächtige Ausblicke ins Kleinwalsertal bietet.

Nur für erfahrene und trittsichere Bergwanderer – und ausschließlich bei stabilem Schönwetter – sind die folgenden beiden Vorschläge gedacht. Man kann dazu entweder ab der Bergstation bzw. dem Hahnenköpfle zur Gottesackeralpe wandern und dann nach rechts über die Schneiderküren-Alpe nach Wäldele absteigen. Oder man geht noch weiter über das Plateau bis zur Gottesackerscharte und zum Windecksattel, wo man nach rechts über das Hölloch durch das Mahdtal hinuntersteigt. Beidesmal kehrt man dann auf Sträßchen zur Auen-Hütte zurück. Über die Schneiderküren-Alpe benötigt man rund sechs Stunden, über das Mahdtal sollte man sieben bis acht Stunden einkalkulieren.

Ausgangspunkt: Auen-Hütte.
Zeit: Etwa 3 Std.
Höhenunterschied: Etwa 570 m.
Empfohlene Wanderkarte: Blatt 03 Oberstdorf Kleinwalsertal, Kompass Wanderkarte.
Öffentliche Verkehrsmittel: Walser-Bus: Auskunft und Fahrpläne bei Kleinwalsertal Tourismus (s. u.).
Ifen Bergbahnen: Tel. ++43/55 17/53 34.
Taxi Riezlern: Tel. ++43/55 17/57 26.
Sonstiges: Der Weg zum Hahnenköpfle ist alpinistisch einfach, bei Nässe kann der Weg allerdings unangenehm glitschig sein. Auf dem Gottesackerplateau ist äußerste Vorsicht wegen der Spalten, außerdem Orientierungsgabe nötig. Bei Schlechtwetter- oder Nebelgefahr kann von einer Tour über die Hochfläche nur abgeraten werden. Möglich von Juli bis September, je nach Schneelage; Bergschau im Walserhaus, in dieser Naturinformation werden Landschaft, Pflanzen, Tiere, Kultur- und Nutzungsformen erläutert, Tel: ++43/55 17/5 11 40.
Informationen: Kleinwalsertal Tourismus, im Walserhaus, D-87568/A-6992 Hirschegg, Tel. ++43/55 17/5 11 40, www.kleinwalsertal.com

27 Ein gestrandeter Schiffsbug
Der Hohe Ifen

Der zum Teil im Kleinen Walsertal, zum Teil im Allgäu liegende Hohe Ifen ist wohl die seltsamste Bergformation des Allgäus, ein riesiger, steinerner Schiffsbug, dessen markante Form, weiß man einmal darum, von allen Seiten und jedem erkannt wird.

Dieser auffallende Plateauberg besteht ebenso wie das benachbarte Gottesackerplateau aus Schrattenkalk I (reinem Kalk). Letzteres weist aber auf der Oberfläche eine reine Karstfläche auf, während es auf dem Ifen eine geschlossene Humusschicht mit einer besonders großen Pflanzenvielfalt gibt. Die wellig verbogene Gipfelplatte, eine schräg liegende Fläche mit senkrechten Abstürzen, ist rund 80 Meter dick, 300 Meter breit und eineinhalb Kilometer lang und steigt über diese Länge um 320 Meter an. Sie bedeckte einst das ganze Gebiet vom Gipfel bis hinab ins Schwarzwassertal, ein Teil davon wurde im Laufe der Jahrtausende jedoch abgetragen. Am Rand gerieten immer wieder Flächen der Platte auf dem darunter liegenden, weicheren Mergel der aus der Zeit der »höheren Unterkreide« im Tertiär stammenden Drusbergschichten (mächtige, dunkle Mergel mit dünnen Kalkbänken) ins Rutschen, rissen entlang vorgegebener Klüfte ab und gelangten als Bergstürze ins Tal. Deshalb werden die Drusbergschichten am Hang von dem Kalkschutt und den hausgroßen Felsbrocken von den Abgängen überdeckt.

Das an Versteinerungen reiche Gebiet, ein rund hundert Millionen Jahre altes Riffgestein aus einem kreidezeitlichen Meer, betritt man beim Aufstieg von der Schwarzwasserhütte aus kurz nach der Ifersgundalpe. Fossile Muscheln, Ammoniten, Korallen und Schnecken wurden hier bisher gefunden. Der Gipfel bietet eine fast Furcht erregende Aussicht in die Tiefe, deren Beschreibung in Julius Wais' Allgäuführer von 1925 eine ganze, eng beschriebene Seite beanspruchte! Alles was in der Allgäuer, Vorarlberger, Schweizer und Tiroler Bergwelt Rang und Namen hat, ist vertreten.

In der jüngsten Zeit machte das Gebiet von sich reden, leider nicht im positiven Sinne: Seit 1996 dürfen Kletterrouten auf der Ifen-Südseite nur sehr beschränkt begangen werden. Und seit 1993 besteht ein vier Quadratkilometer großes jagdliches

Eine der seltsamsten Berggestalten: Der Hohe Ifen.

Sperrgebiet zwischen dem Hohen Ifen und der Schwarzwasserhütte, wo der Bewegungsraum der Besucher stark eingeschränkt ist. Skitouren sind nur noch außerhalb der abgesperrten Zone und auf ausgeschilderten Routen erlaubt. Die Begründungen dafür sind vielfältig: Der Naturschutz wird zwar vorgeschoben, der Hauptgrund dürfte aber eher in der »Beeinträchtigung der jagdlichen Erfordernisse« liegen. Gerade in Österreich musste der Alpenverein in den letzten Jahren harte Kämpfe mit der organisierten und einflussreichen Jägerschaft ausfechten, die wohl am liebsten den »Störenfried« Bergtourist ganz aus dem Gebirge verbannt sehen möchte – Erinnerungen an feudale Zeiten kann man hierbei nicht unterdrücken! Dass sich die Zeiten kaum geändert haben, sieht man schon an den Worten, mit denen Waltenberger den Weg über das benachbarte Gottesackerplateau beschrieb: »*Die einstige Markierung ist auf Veranlassung des fürstlichen Jagdherrn durch graue Farbe unkenntlich gemacht.*«

Der Name Melköde stammt von »Melke in der Öde«, was auf eine abgelegene Landschaft schließen lässt. Die Alpe, neben der ein Wasserfall herabstürzt, wurde bereits 1566 erstmals erwähnt. Das Schwarzwassertal ist nach seinen moorigen und sumpfigen Böden benannt.

Wandervorschlag

Man wandert entweder von der Auen-Hütte zur Ifen-Hütte oder benutzt bequem den Lift und steigt dann den Rest hinauf. Dann wandern wir durch die Ifenmulde und zweigen links zum Ifen ab. Der schmale Steig zieht sich durch den Kar hoch zu einer Scharte. Hier hält man sich rechts und wandert bis zum Gipfelkreuz des Hohen Ifen. Anschließend orientiert man sich an der Verzweigung unterhalb des Gipfelkreuzes rechts. Es folgen nun einige Stellen mit Seilsicherungen, danach geht es auf einem Steig zur Ifengundalpe, anschließend in kurzer Zeit zur Schwarzwasserhütte, die schon von weitem zu sehen ist. Ab hier wandert man auf bequemem Weg über die Galtöde und Melköde zurück zur Auen-Hütte.

Ausgangspunkt: Talstation der Ifenbahn.
Zeit: Etwa 4–5 Std.
Höhenunterschied: Etwa 1 000 m.
Empfohlene Wanderkarte: UK L 8 Allgäuer Alpen, Bayerisches Landesvermessungsamt.
Öffentliche Verkehrsmittel: Busverbindung ab Oberstdorf. Walserbus: Auskunft und Fahrpläne bei Kleinwalsertal Tourismus (s. u.).
Ifen Bergbahnen: Tel. ++43/55 17/53 34.
Taxi Riezlern: Tel. ++43/55 17/57 26.
Stützpunkt: Schwarzwasserhütte (1 651 m), Sektion Schwaben des DAV, Pächter: Petra und Peter Zwischenbrugger, A-6992/D-87568 Hirschegg 89, Tel. ++43/55 17/3 02 10.
Sonstiges: Vorsicht bei Nässe! Im Frühsommer bzw. im Herbst können die Steige schneebedeckt sein und sind dann nur mit äußerster Vorsicht zu begehen, da auch die Seilsicherungen eventuell verschneit sind; Bergschau im Walserhaus, in dieser Naturinformation werden Landschaft, Pflanzen, Tiere, Kultur- und Nutzungsformen erläutert, Tel: ++43/55 17/5 11 40, www.bergschau.com
Informationen: Kleinwalsertal Tourismus, im Walserhaus, D-87568/A-6992 Hirschegg, Tel. ++43/55 17/5 11 40, www.kleinwalsertal.com

28 Hier staubt's
Der Stuibenwasserfall

Zu den schönsten Wasserfällen des Allgäus zählt der 1 315 Meter hoch liegende Stuibenwasserfall bei Oberstdorf, dessen Name wohl von »stieben« oder »stauben« kommt. Und tatsächlich stiebt und staubt bei reicher Wasserführung im Frühjahr eine weiße Fahne aus Gischt über die braunrote Schwelle aus Hornstein in das Becken, das sich das Wasser in jahrtausendelanger Arbeit gegraben hat.

Die Farbe des kristallklaren, grünlich-blauen Wassers steht in einem reizvollen Gegensatz zur rötlichen Tönung der Felsumrandung. Der Aufprall ist so gewaltsam, dass das zerstaubte Wasser wie eine wallende Dampfsäule aufsteigt. Das Donnern und Röhren des Falls – »wilddröhnend« schrieb Julius Wais 1925 – ist schon von weitem zu hören: *»Tosend stürzt der mächtige Wasserschwall in den von ihm ausgehöhlten Felsenkessel, Wolken von Wasserstaub aufwirbelnd, in denen sich die Sonne in farbenprächtigen Regenbogen bricht.«* Julius Wais, 1925

Nach diesem dramatischen Finale fließt das Wasser dann als Oybach friedlich talaus. Der Wasserfall liegt im Oytal – dessen Name von Aue, also einem Tal mit Wiesengrund, kommt –, in einer der herrlichsten Gegenden des Allgäus zwischen Nebelhorn, Höfats und Himmeleck. Dieser größte Wasserfall der Allgäuer Alpen allein ist schon eine Attraktion, ebenso schön ist allerdings die überreiche Alpenflora: Beim Stuibenfall wachsen Strahlensame, Siegwurz, Aurikel, Alpen-Heckenrose, Blasenfarn und Heilglöckchen, auf dem Weg talwärts an der senkrechten Nordwand des Seilhenkers ein Bergwald mit Ahorn und Buchen, in der Kräuterschicht die Nesselblättrige Glockenblume, Milchlattich, Silberblatt, Knotenfuß, Rundblättriger Steinbrech, Rispiger Eisenhut, Berg-Distel und Dunkle Akelei.

Im Oytal vereinigten sich einst viele Eiszungen kleiner Firnfelder zu einem größeren Talgletscher, dadurch entstand in den weicheren Erdschichten ein mehrere hundert Meter hoher, steilwandiger Trogschluss. Diese vom Eis geschaffenen Stufen werden von zahlreichen Bächen und Wasserfällen wie dem Stuibenfall überwunden. Das Tal ist also ein typisches Trogtal, das seine Entstehung den Gletschern der Eiszeiten zu verdanken hat, die es im Laufe der Zeit ausgehobelt haben.

Der Stuibenwasserfall trägt seinen Namen nicht zu Unrecht.

Der Stuibenfall stürzt über eine Härtestufe aus Hornstein ab der Höhe des Alpbodens der Käseralpe hinab. Auch hinter der Käseralpe sieht man vom oberen bis zum unteren Karboden bei der Alpe beeindruckende Steilabstürze, ebenfalls mit Wasserfällen.

Bei der Unteren Guten-Alpe, wo das Prinzenkreuz steht, fließen Laufbach und Stuibenbach zum Oybach zusammen; der Laufbach kommt aus Nordosten vom Laufbacher Eck und im Stuibenbach vereinigen sich die Zuflüsse des östlichen Geisbachtobels, des Schartenbachs. Im Oytal selbst gibt es noch mehr Wasserfälle, einen vor dem Oytalhaus und zwei weitere kurz dahinter. Außerdem gibt es hinter der Käseralpe noch einige große Wasserfälle, die den Schartenbach bilden.

Beim Prinzenkreuz steht man an der Mündung des Rauhenhalstobels, mit etwa 800 Metern der zweitgrößte und einer der wildesten des Allgäus. Er ist im Winter ein richtiges Lawinenloch und im Sommer gehen nach starken Regenfällen Muren ab! Der urtümliche Eindruck rührt von den umgestürzten und entwurzelten Bäumen her, den Felsbrocken und den riesigen Erdstücken, die von den Lawinen mitgerissen wurden. Wer möchte, kann sich vorsichtig ein Stück in den Tobel hineinwagen.

Auch sonst kommt man bei der Wanderung durch das Oytal zum Stuibenfall an Bergsturzgebieten vorbei, die einen guten Eindruck von den gewaltigen Kräften der Natur vermitteln. Am 3. Oktober 1872 entkamen hier Prinz Luitpold von Bayern (besser bekannt als der nachmalige Prinzregent) und seine Jagdgesellschaft mit knapper Not dem Tod. Einer der letzten großen Bergstürze geschah am 11. April 1949.

Wenn man vom Wasserfall aus weiterwandert, kommt man zur Käseralpe. Hinter ihr stürzen erneut mächtige Wasserfälle herab und hoch über dem Talboden liegen Karmulden und eisüberschliffene Hochflächen. Sie waren noch vor 10 000 Jahren vom Firneis überdeckt. Die beste Zeit für einen Besuch des Wasserfalls ist zwischen Juli und September, am meisten Wasser führt er im Mai und Juni. Allerdings kann der Weg noch schneebedeckt sein, wenn man sich zu früh im Jahr aufmacht.

Wandervorschlag

Wer vom Nebelhorn aus zum Oytal absteigt, kommt über das Himmeleck am Stuibenfall vorbei. Man kann aber auch von Oberstdorf aus durch das Oytal mit dem Stellwagen zum Oytalhaus (1 006 m) fahren und von dort aus in einer Stunde zum Wasserfall aufsteigen.

Wer wandern möchte, orientiert sich am Parkplatz Oybelehalle an der Beschilderung zum Oytal bzw. zum Gasthaus Kühberg.

Der Weg führt zwar kurz steil hinauf bis zum Gasthaus, dafür schreitet man dann aber ziemlich eben hoch über dem Tal und mit herrlichem Blick auf die Bergwelt bis zum Oytalhaus. Ab hier bleibt es eben bis zur Unteren Guten-Alpe und weiter bis zum Prinzenkreuz. Nun steigt es stärker an, und bald sieht man auch schon die Staubfontänen des Wasserfalls. Es folgt ein Aufschwung mit Serpentinen und schon kurz darauf erreicht man das Ziel. Wer möchte, wandert noch in etwa einer halben Stunde zur Käseralpe.

Zurück gehen wir denselben Weg. Als Variante kann man sich einige Zeit nach dem Oytalhaus an der Verzweigung nach links in Richtung »Oberstdorf« orientieren. Es geht hinab zum Oybach, an dem man nun entlangspaziert.

Ausgangspunkt: Oberstdorf.
Zeit: Etwa 5–6 Std.
Länge: Etwa 15 km.
Höhenunterschied: Etwa 450 m, bis zur Käseralpe zusätzlich etwa 100 m.
Empfohlene Wanderkarte: UK L 8 Allgäuer Alpen, Bayerisches Landesvermessungsamt.
Öffentliche Verkehrsmittel: Bahn bis Oberstdorf.
Sonstiges: Man kann auch mit dem Rad fahren. Wer Steilaufstiege nicht mag, stellt nach dem Prinzenkreuz das Rad ab und geht das letzte Stück zu Fuß. Möglich von Juni–Oktober, je nach Schneelage.
Informationen: Tourist-Information, Marktplatz 7, 87561 Oberstdorf, Tel. 0 83 22/70 00, Mo–Fr 8.30–12.00, 14.00–18.00, Sa 9.30–12.00, www.oberstdorf.de

29 Durch die Hölle in luftige Höhen
Über den Hölltobel nach Gerstruben und zum Hahnenköpfle

Südlich von Oberstdorf gibt es noch drei herrliche Täler. Sie alle sind autofrei und bieten einiges an Natursehenswürdigkeiten, die man sich zum Beispiel mit dem hier beschriebenen Wandervorschlag erschließen kann. Man weiß nicht, was beeindruckender ist – der Hölltobel, die urige Siedlung Gerstruben auf 1 150 Meter Höhe oder der Weg in die Bergwelt.

Beim Hölltobel versteht man gleich, warum er seinen Namen erhalten hat: Hier stürzt der Dietersbach als ein gewaltiger Wasserfall in einen engen, dunklen Kessel, der einen wirklich »höllischen« Eindruck erweckt – Dantes *Göttliche Komödie* lässt grüßen! Im 19. Jahrhundert wurde er nach einem Jagdzwischenfall auch Gämsengrab genannt.

Die düstere und enge Klamm weist einen Höhenunterschied von 150 Metern auf. Hier hat nicht wie sonst bei Tobeln das Wasser die Felsschichten quer durchschnitten, sondern die Schichten verlaufen mit der Fließrichtung, so dass eine gewaltige Felsrinne ausgefräst wurde. Der Talboden des Dietersbachtales hängt 210 Meter über der Sohle des Trettachtales.

Im Mischwald um den Hölltobel findet man den Klebrigen Salbei, den Nesselblättrigen Ehrenpreis, das zweiblütige Veilchen, Sanikel, Waldmeister, Breitblättriges Laserkraut, Türkenbund, Kahlen Alpendost, Sterndolde, Nestwurz, Hainsalat, Hasellattich; an den trockenen Hängen des Tobels Ästige Graslilie, Immergrüne Segge, Schneeheide, Rippensame, Rindsauge, Begrannten Klappertopf, Schwalbenwurz und Braunroten Sumpfwurz.

Auf dem Weg durch das Trettachtal sehen wir die aus Hauptdolomit bestehende Trettachspitze, einen Teil der Lechtaldecke. Wir spazieren durch eine Ahornallee, wo links die fast senkrechte Westwand der Höfats steht, die sich aus den harten Kieselkalken der Aptychenschichten zusammensetzt. An den Hügeln wachsen Buchs-Kreuzblume, Berg-Gamander, Hufeisenklee, Rindsauge, Steinquendel, Alpen-Rispengras, Herzblättrige Kugelblume, Brillenschötchen und Gezähnter Moosfarn. Die Umgebung des Wasserfalls des Dietersbaches, eigentlich ein ansonsten pflanzenarmer Hauptdolomit, ist durch ihre Feuchtigkeit mit Fetthennen-Steinbrech, Zierlicher Glockenblume, Aurikel,

Beim Hölltobel hat sich der Bach eine richtige Spalte in den Fels geschliffen.

Behaarter Alpenrose, Alpen-Heckenkirsche und Grünem Streifenfarn bewachsen. Am 15. Oktober 1960 wurde der Hölltobel als Naturdenkmal unter Schutz gestellt.

Gerstruben ist eine prächtige Höhensiedlung mit einigen über 350 Jahre alten, schwarz verbrannten Holzhäusern und einem beeindruckenden Blick auf die Höfats. Sie wurde von Bauern aus dem Lechtal erschlossen, die über die Berge kamen, und war bis 1892 dauerbesiedelt. Haus Nr. 4 ist ein Zwiehof aus dem 17. Jahrhundert – es wurde bereits 1619 genannt – mit gestrickten Rundholz-Blockbauwänden, Landerndeckung auf dem weit vorragenden Flachdach und einer dazugehörigen Heuschinde. Das Ensemble mit den fünf Gebäuden und der Marienkapelle aus dem 17. Jahrhundert steht unter Denkmalschutz.

Wandervorschlag

Hinter der Talstation der Nebelhornbahn wandern wir entlang der Trettach. Wenn die nach Gerstruben führende Straße nach links abzweigt, gehen wir noch geradeaus weiter. Kurz darauf nehmen wir den mit »Fußweg steiler Aufstieg« bezeichneten Pfad nach links zum Wald. Hier kommen wir in den Hölltobel und steigen entlang des unten laut rauschenden Baches auf. Weiter oben trifft man auf den mächtigen Wasserfall in einem engen Felskessel. Schließlich gelangen wir zu einem Fahrsträßchen, dem wir nach rechts nach Gerstruben folgen.

An der Gaststätte biegen wir nach links ab in Richtung »Oytal Hahnenköpfle«. In steilem Aufstieg wandern wir nun hinauf bis zum Steilabbruch, wo es hinab ins Oytal ginge. Man hat hier eine beeindruckende Fernsicht, links sieht man z.B. das Nebelhorn, geradeaus den eigenartig geformten Schneck. Wenn wir uns links halten, erreichen wir in wenigen Minuten das Hahnenköpfle. Nun kehren wir entweder zurück nach Gerstruben oder steigen steil hinab ins Oytal und spazieren von dort aus nach Oberstdorf.

Wer über Gerstruben zurück möchte, wandert am besten auf dem Sträßchen hinab ins Trettachtal, denn hier kommt man an einem schönen »Aussichtsbalkon« vorbei. Von dieser Kanzel aus hat man einen guten Blick auf die Lage des Wasserfalls in einem großen Riss, einem richtigen Höllenschlund.

Ausgangspunkt: Oberstdorf, Talstation Nebelhornbahn.
Zeit: Bis Gerstruben etwa 3 Std., bis Hahnenköpfle zusätzlich 3 Std.
Länge: Etwa 8 km (Gerstruben und zurück).
Höhenunterschied: Bis Gerstruben etwa 450 m, bis Hahnenköpfle etwa 900 m.
Empfohlene Wanderkarte: UK L8 Allgäuer Alpen, Bayerisches Landesvermessungsamt.
Öffentliche Verkehrsmittel: Oberstdorf ist Bahnstation.
Sonstiges: Der Aufstieg von Gerstruben ist bei Nässe etwas rutschig. Am Gipfelaufbau ist Trittsicherheit und Schwindelfreiheit erforderlich.
Informationen: Tourist-Information, Marktplatz 7, 87561 Oberstdorf, Tel. 0 83 22/70 00, Mo–Fr 8.30–12.00, 14.00–18.00, Sa 9.30–12.00, www.oberstdorf.de

30 Unter Hexen und Geistern
Das Mehlblockmoos im Kemptner Wald

Beim Kemptner Wald handelt es sich um einen zusammenhängenden Fichtenwald mit Nass- und Streuwiesen und zahlreichen Mooren, die im Frühjahr wunderbar bunt blühen. Rund 874 Hektar sind als Landschaftsschutzgebiet geplant. Man sollte einmal darauf achten, wie viele Findlinge in den Weiden um den Wald und im Wald selbst als Überbleibsel des eiszeitlichen Illergletschers verstreut liegen. Sie bestehen aus ortsfremdem Gestein, oft aus den Alpen, und wurden von den Gletschern zum Teil mehrere hundert Kilometer transportiert. Deshalb werden sie auch erratische (»verirrte«, von lat. »errare«) Blöcke genannt. Sie zeigen uns heute die Ausdehnung der vorgeschichtlichen Eismassen an. Oft sind sie recht groß und früher gaben sie dem Volksglauben Stoff für Sagen und Erzählungen – man sprach von Wurfwerkzeugen des Teufels oder man glaubte, dass sie von Schlachten zwischen Riesen übrig geblieben seien. Früher waren es sogar noch viel mehr Findlinge, aber sie fielen im Laufe der Zeit dem Landhunger der Grünlandwirtschaft zum Opfer.

Das Waldgebiet ist ideal für herrliche, flache Wanderungen, das Gebiet ist durchzogen von Forstwegen, die einsame Unternehmungen ermöglichen. Sie können auch mit dem Fahrrad und sogar bei schlechtem Wetter bzw. ganzjährig unternommen werden. Insbesondere wenn es feucht ist und vielleicht gar die Nebel wallen, ist es besonders schön, weil romantisch, unheimlich und gespenstisch. Man kann sich dann so richtig Hexen und Geister vorstellen! Es lohnt sich, ab und an den Weg zu verlassen und ein paar Schritte hinein in den »Urwald« zu wagen: Der Blick auf bemooste Bäume, verfaulende Baumstrünke und Bächlein rechtfertigt den Abstecher. Im Frühjahr sprießen in dem Waldgebiet Mehlprimeln, Frühlingsenziane und Trollblumen; Heidelbeer- und Moosbeersträucher wuchern, daneben wachsen die Spirken. Außerdem gibt es hier im Fichtenwald zahllose Moore.

Wandervorschlag

Etwas nördlich der Kirche ist nach Westen der Wanderweg (»Moos/Kemptner Wald«) angezeigt. Anfangs führt das Sträßchen – das zwar auch befahren werden darf, aber zum Glück ziemlich verlassen ist – durch weite Wiesenflächen; neben uns

Moosüberwucherte Baumstämme erwecken im Kemptner Wald einen märchenhaften Eindruck.

sehen wir Moorlandschaften, kleine Bäche, dahinter Hochwald und in der Ferne die Berge. Kurz nach dem Ort liegt links ein Findling und bevor der »richtige« Wald anfängt, steht rechts ein altes Kruzifix. Im Wald selbst wird es dann ganz romantisch.

An einer Querstraße ist nach rechts »Zum Schwäb.-Allgäuer Wanderweg« angezeigt. Hier biegen wir ab, kommen zuerst durch eine Neuanpflanzung und dann zu einem Wegkreuz, wo bereits das nächste Ziel »Beilstein« angeschrieben ist. Vor Beilstein spazieren wir wieder in eine Wiesenlandschaft, direkt davor liegen rechts zwei riesige Findlinge mit einem alten Steinkreuz.

Im Ort und danach halten wir uns rechts, kommen dahinter nochmals kurz in den Wald und dann wieder in die Weiden, links von uns schlängelt sich die Kirnach und wir haben erneut einen Blick ins Gebirge. Kurz nachdem die Straße den Bach überquert, biegen wir nach rechts ab – vorbei an den beiden Scheunen – und sind zurück auf dem Weg, den wir vom Anfang her noch kennen.

Ausgangspunkt: Görisried.
Zeit: Etwa 2 Std.
Länge: Etwa 10 km.
Höhenunterschied: Unwesentlich.
Empfohlene Wanderkarte: UK L 17 Kempten und Umgebung, Bayerisches Landesvermessungsamt.
Öffentliche Verkehrsmittel: Bus ab Marktoberdorf.
Sonstiges: Ganzjährig möglich. Die Wanderung verläuft ständig auf Forstwegen, so dass sie auch mit dem Fahrrad unternommen werden kann.
Informationen: Tourist Information Görisried, Kirchplatz 8, 87657 Görisried, Tel. 0 83 02/97 23, www.goerisried.de
Tourist Information Betzigau, Rotkreuzstr. 2, 87488 Betzigau, Tel. 08 31/57 50 20, www.betzigau.de
Tourist Information Durach, Bahnhofstr. 1, 87471 Durach, Tel. 08 31/56 11 90, www.durach-allgaeu.de

31 Ein merkwürdiger Standort
Die Burg auf dem Findling

Auch diese Wanderung führt in den Kemptner Wald. Dieser spielt allerdings dieses Mal nicht die Hauptrolle bei unserer Tour, auch nicht die Moore. Wir suchen nämlich eine der seltsamsten Burgen auf, die es im Allgäu gibt: die Ruine Baltenstein, die einen ausgesprochen originellen Standort hat – sie wurde auf einem Findling erbaut!

Die Burg Baltenstein wurde um 1200 in einem Seitentobel des Bannholzbaches errichtet, und zwar durch die Herren von Stein, die sich später von Baltenstein nannten. Ende des 14. Jahrhunderts wurde das Gebäude bei einer Fehde teilweise zerstört, anschließend aber als »Schlösschen Baltenstein« wieder aufgebaut. Danach hatte die Burg wechselnde Besitzer, bis 1551 das Stift Kempten die Anlage wieder in Besitz nahm. Wahrscheinlich war sie aber zu diesem Zeitpunkt bereits nicht mehr bewohnt. Das Gebäude zerfiel und Steine wurden als Baumaterial für andere Zwecke entnommen. Erhalten sind Reste des Bergfrieds auf dem acht Meter hohen Findling.

Der auf 860 Meter Höhe liegende Dengelstein ist mit 500 cbm der größte Findling im Landkreis Kempten. Seine Höhe beträgt achteinhalb Meter, der Umfang 60 Meter. Der Stein wurde am 5. November 1935 als Naturdenkmal ausgewiesen. Der Illergletscher brachte ihn während der Eiszeiten vom Kottachberg hierher. Vor der Aufforstung der Umgebung konnte man noch einen Einfriedungswall rings um den Riesenblock sowie kleinere Steinblöcke innerhalb davon sehen. Man deutete sie als Schöffensitze und vermutete deshalb hier eine vor- oder frühchristliche Kultstätte. Angebracht ist eine Tafel mit folgendem Text: *»Dengelstein, in Viereckumwallung, germanischer, heiliger Hain mit Gerichtsstätte«*.

Auch sonst entdecken wir auf dieser Tour noch einige Findlinge, die ebenfalls vom eiszeitlichen Illergletscher übrig geblieben sind. Zum Teil tragen sie Kruzifixe. Vom 896 Meter hohen Bodelsberg – auch hier gibt es erratische Felsblöcke – aus überblickt man einen Großteil des Allgäus. Beim Gebäude der Fernwasserversorgung finden wir eine Tafel, die das gesamte Panorama erklärt.

Wandervorschlag

Im Waldstück kurz vor dem Gasthof Tobias weist ein Schild nach Norden (»Schönberg/Betzenried«). Nach einigen Minuten sind wir auch schon im Hof Schönberg, rechts davor sehen wir die Reste der Ruine Schöneberg. Es handelt sich um eine aus Bruchsteinen erbaute Anlage aus dem 10./11. Jahrhundert. Um die natürliche Anhöhe zog sich ein Graben, der Aushub diente zur Erhöhung des Hügels, außerdem zur Anlage eines Walls. 1970 wurden Graben und Wall leider eingeebnet, so dass heute nur noch unbedeutende Mauerreste erhalten sind.

Wir wandern weiter nach Betzenried, wo wir gleich beim ersten Haus nach rechts zum »Dengelstein« verwiesen werden. Auf dem Weg in den Wald sollten wir links das schöne kleine Moos mit den Birken beachten. An einer bezeichneten Abzweigung geht es noch kurz geradeaus, gleich darauf sehen wir rechts den mächtigen Dengelstein. Wir spazieren nun das kurze Stück bis zu der Abzweigung zurück und biegen hier nach rechts ab (»Allgäuer Rundwanderweg«), dann gleich wieder rechts. Der Weg macht eine Biegung nach rechts; an der Verzweigung, wo auf einer Wiese eine alte Hütte steht, halten wir uns links. Nach einem kurzen geraden Stück kommt nach einem Bach wieder eine Gabelung. Der markierte Weg führt rechts weiter, wir aber wenden uns nach links. Bald darauf überqueren wir den Bannholzbach. Nun biegen wir nach links ab. Entlang des tief eingeschnittenen Tobels spazieren wir bergab und schließlich aus dem Wald heraus nach Baltenstein. Jetzt geht es nach rechts. Nach dem ersten Haus wandern wir vor dem Teich nach links und dann geradeaus zwischen den Gebäuden hindurch. Vor dem Bach wenden wir uns nach links über die Wiese zu dem dahinter schon sichtbaren Weg. Jetzt noch kurz nach links und wir stehen vor dem riesigen Findling mit den Resten der Burg Baltenstein, direkt über dem Bach.

Zurück geht es wieder bis zu dem Teich, hier nach links, an der Verzweigung aber nehmen wir den rechten Weg. Er bringt uns in einigen Minuten zu einem Sträßchen, in welches wir scharf rechts einbiegen. Der Weg steigt nun etwas an, bald sind wir wieder im Wald. Hier gibt es einen Parkplatz – auch an dieser Stelle kann mit der Wanderung begonnen werden. Kurz darauf wird der Weg von einer Wiese gesäumt, dann kommt eine Schutzhütte mit Grillgelegenheit. Gleich dahinter zweigen wir nach

Die Findlinge im Kemptner Wald zeugen von der Ausdehnung der eiszeitlichen Gletscher.

rechts ab (»Tobias«). Nun wandern wir etwa eine Stunde durch den Kemptner Wald. Neben dem Weg sieht man immer wieder kleine Moore (Lachermoos, Klammmoos), die Abwechslung in unsere Wanderung bringen.

Nach etwa zwanzig Minuten stoßen wir auf einen Querweg, hier heißt es rechts abbiegen (»Tobias«). Nun liegt links das Naturreservat Dürrenbühl. Auch an der nächsten Querung geht es nach rechts (»Tobias«), gleich darauf an der Kreuzung mit der Orientierungstafel nach links. Dann noch einmal nach links, vorbei an der Albrecht-Plätzle-Hütte und zur nächsten Kreuzung, wo wir geradeaus weiterwandern (»Rundweg Sinkmoos–Bodelsberg«). Nun spazieren wir ein Stück am rechts liegenden Sinkmoos mit einem mäandernden Bächlein vorbei, bis wir an einer Brücke nach rechts (»Bodelsberg«) verwiesen werden. Am Rand zwischen Wald, Moos und Wiese genießen wir den schönen weichen Weg bis nach Bodelsberg. Links in den Wiesen, später rechts, entdecken wir einige Findlinge.

An der Straße beginnt auf der anderen Seite der Weg »Rund um den Bodelsberg«, den wir einschlagen. Gleich darauf sehen wir weitere Findlinge. Bei der ersten Scheune sollten wir nach rechts oben blicken, dort liegt ein von einem Kreuz gekrönter Felsbrocken. Wenn wir zu ihm emporsteigen, können wir auf der Höhe zurück zum Ort spazieren, falls die Wiesen nicht durch Zäune gesperrt sind. Ansonsten gehen wir eben zurück auf den Rundweg und hinab in den Ort. Auf der anderen Seite der Durchgangsstraße folgen wir dem Schild in Richtung »Sinkmoos Tobias«. Am Bach entlang geht es in den Wald. An einer Lichtung halten wir uns rechts, bei der dritten Lichtung biegen wir links ab und erreichen kurz darauf den Gasthof Tobias. Vorher liegt rechts noch die kleine Kapelle Maria/Hubertus.

Ausgangspunkt: Gasthaus Tobias oder Parkplatz im Kemptner Wald.
Zeit: Etwa 5 Std.
Länge: Etwa 20 km.
Höhenunterschied: Unbedeutend.
Empfohlene Wanderkarte: UK L 17 Kempten und Umgebung, Bayerisches Landesvermessungsamt.
Öffentliche Verkehrsmittel: Bahn bis Bodelsberg.
Grillmöglichkeit: Im Kemptner Wald.
Sonstiges: Leichte, aber relativ lange Wanderung auf Forstwegen und Sträßchen, aber auch Pfaden im Wald. Ganzjährig möglich.
Informationen: Tourist Information Görisried, Kirchplatz 8, 87657 Görisried, Tel. 0 83 02/97 23, www.goerisried.de
Tourist Information Betzigau, Rotkreuzstr. 2, 87488 Betzigau, Tel. 08 31/57 50 20, www.betzigau.de
Tourist Information Durach, Bahnhofstr. 1, 87471 Durach, Tel. 08 31/56 11 90, www.durach-allgaeu.de

32 Schlucht mit Lerneffekt

Der geologische Lehrpfad im Hirschbachtobel

Am Ostende von Bad Hindelang, bevor die Straße zum Jochpass ansteigt, liegt der wilde Hirschbachtobel. Er zieht von der Straße aus nach Norden empor. Ein Steig verläuft mal links, mal rechts des Baches, der einen gewaltigen Eindruck macht mit seinen Wasserfällen, Gumpen und Felsbrocken, Strudeln und Strudellöchern, wildromantischen Szenerien und prächtigen Einzelbildern.

Geologisch ist der Tobel etwa bis zur Hälfte in den so genannten Allgäuschiefer eingeschnitten, später beginnen dann dünnbankige Kalkgebilde des Malm. Sie setzten der Erosion mehr Widerstand entgegen, deshalb ist die Schlucht hier auch viel enger geblieben; der Weg musste stellenweise sogar aus dem Fels herausgesprengt werden. Vor dem Kellerwandweg sieht man die tektonisch jüngeren, steilen, grauen Mergelwände der unteren Kreideformation. Den imposanten Abschluss der Schlucht bilden steil emporragende Dolomitmassen des Trias. Um die Besucher in die außergewöhnliche Geologie einzuführen, hat der Heimatdienst Hindelang den Anfang des Tobelweges als »geologischen Wanderweg« eingerichtet und 14 Tafeln aufgestellt, die Wissenswertes über den dortigen Fels erklären. Er beschäftigt sich außerdem auch mit der Paläontologie, der Fossilienkunde. Die Gesteine sind rund 103 bis 201 Millionen Jahre alt, die Sedimente wurden im Tethys-Ozean abgelagert und nahmen an der Erdmantelverschiebung in der Erdneuzeit (Tertiär) teil, der Alpenfaltung.

Die erste Schautafel erklärt die verschiedenen Gesteine und Sedimentationsbecken im Hirschbachtobel. Dabei zeigt ein geologisches Profil, wie die damaligen Meeressedimente – sie entstanden von der Trias- bis zur Kreidezeit – heute liegen. Eine zweite große Tafel steht am Steinköpfle. Von dort führt der Lehrweg abwärts bis zu einem weiteren Schild, das außer einem geologischen Profil die Tierwelt im Jurameer vorstellt. Er folgt dann der Luitpoldhöhe bis zum Berggasthof Polite und von dort zurück zum Ausgangspunkt. 1905 bis 1907 und 1941 bis 1955 wurden die gewaltigen Wildbachverbauungen errichtet

Der Spieser erhebt sich nördlich von Bad Hindelang, wo er fast senkrecht aus dem Talboden emporsteigt. Die Almwiesen

Im Hirschbachtobel gibt es viele Wasserfälle und wilde Felsformationen.

unterhalb des Gipfels sind bekannt für ihre herrliche frühsommerliche Flora. Der Berg selbst bietet, da freistehend, einen wunderbaren 360-Grad-Rundumblick – von den Westallgäuer Bergen bis hin zu den Tannheimern im Osten und im Süden natürlich auf die gesamte Alpenkette, soweit das Auge reicht.

Wandervorschlag

Der Weg beginnt am östlichen Ortsausgang, kurz vor dem Gasthof »Schnitzelalm«. Direkt vor der Brücke führt der bezeichnete Weg am Hirschbach entlang. Das Ziel »Spieser« ist immer angeschrieben. Nur bei der zweiten Brücke heißt es aufpassen: Man folgt nicht dem Weg nach rechts (»Bergwachtweg Wildbachtobel«), sondern geht nach links über die Brücke, einige Meter bachaufwärts, dann kommt man wieder über eine Brücke. Nach rund einer Stunde trifft man auf die Wendeplatte eines Forstweges; hier biegt man nach links in einen Waldpfad ein. Nach wenigen Minuten zweigt der Weg zum Spieser nach rechts ab. Über einen langen Grasrücken geht es steil nach oben, bald sieht man den bewaldeten Gipfel. Der Weg, auf den man nun stößt, führt nach rechts zur Hirsch-Alpe – von dort aus kann man ebenfalls nach oben aufsteigen. Kürzer ist es allerdings, wenn man sich links hält. Am scharfen Knick steigt man entweder direkt nach oben zum nächsten Weg oder, wenn man nach links geht, gemächlich aufwärts. Dem Weg, auf den man trifft, folgt man kurz bis zur ausgeschilderten Abzweigung nach rechts. In steilem Anstieg, am Schluss durch etwas Wald, erreicht man den 1649 Meter hohen Gipfel des Spiesers. Die Aussicht erstreckt sich vom Alpenvorland über das Illertal mit den dahinter liegenden Westallgäuer Bergen. Man sieht einen Großteil der Ober- und Ostallgäuer Bergwelt mit dem Hohen Ifen bzw. den Pfrontner Bergen, in der Ferne grüßen Säntis, Zugspitze und die Mieminger Berge. Und in der unmittelbaren Nähe Wertacher Hörnle, Grünten und Sorgschrofen.

Vom Gipfel aus führt in westlicher Richtung ein Pfad – anfangs recht steil und anspruchsvoll – hinab zum bereits sichtbaren Almboden. Man überquert die feuchte Wiese bis zu einer Kreuzung, an der man nach links abzweigt (Richtung »Hindelang«). Durch lichten Wald wandert man nun über einen zweiten Almboden mit vielen Heuhütten abwärts. Bald erreicht man einen weiteren Wegweiser. Hier biegt man nach links ab (»Höfleweg/Hindelang«). Ab der Klankhütte mit der Kapelle führt ein geschottertes und asphaltiertes Sträßchen in Serpentinen steil bergab nach Bad Hindelang.

Ausgangspunkt: Bad Hindelang.
Zeit: Etwa 5 Std.
Höhenunterschied: Etwa 850 m.
Empfohlene Wanderkarte: UK L8 Allgäuer Alpen, Bayerisches Landesvermessungsamt.
Öffentliche Verkehrsmittel: Bus ab Sonthofen.
Sonstiges: Etwas anstrengende Wanderung, größtenteils auf Steigen. Trittsicherheit im Tobel und beim Abstieg vom Gipfel ist notwendig. Möglich Mai–Spätherbst.
Informationen: Kurverwaltung, Am Bauernmarkt 1, 87541 Bad Hindelang, Tel. 0 83 24/89 20, www.bad-hindelang.info

33 Wasserfälle und eine Bergtour
Zipfelsbachfälle, Schleierfall und Iseler

»Nicht ferne von der Kirche stürzt über eine jähe Wand ein schöner Wasserfall, welchen der Zipfelsbach bildet; oft schwindet er zum schmalen Silberfaden, oft, wenn sich Hochgewitter in den Bergen abgelagert, rauscht er gewaltig und stürmt in weitem Bogen ins Tal hinaus durch Schutt und Geröll, das er mit herabgewälzt, der Osterach zueilend.« Josef Buck, 1856

Einer der schönsten Aussichtsberge um Bad Hindelang ist der 1 876 Meter hohe Iseler. Auf dem Weg dorthin steigen wir entlang des Zipfelsbaches hoch, bewundern die Zipfelsbachwasserfälle und am Schluss haben wir noch einen Blick zum stillen Schleierfall, an den man leider nicht ganz herankommt. Der Bach bietet insgesamt drei Wasserfälle, die in Stufen übereinander liegen. Sie werden unterschiedlich benannt, so dass sich jeder den ihm am besten behagenden Namen aussuchen kann: Zipfelsfälle, -fallbach oder -bachfälle, früher sogar noch Zipfelstrudel. Leider – oder zum Glück? – werden sie relativ selten aufgesucht!

Wandervorschlag

Wir spazieren erst auf der Straße kurz in Richtung Hinterstein und biegen vor dem Ortsschild in den nach links aufwärts führenden Weg ein. Kurz bevor er wieder auf die Straße trifft, geht nach links ein Pfad in Richtung »Iseler über Zipfelsalpe« ab. Er führt – immer gut bezeichnet – erst hoch zum Waldrand, dann nach rechts zum Wasserfall. Nun wandert man steil empor. Den Zipfelsbach mit seinen Wasserfällen treffen wir bei den Serpentinen noch ein paar Mal.

Schließlich verlässt der Weg den Wald und zieht über eine aussichtsreiche Freifläche (man versäume nicht, ab und zu zurückzublicken!) zur Zipfelsalpe. Wir gehen rechts an einem Gebäude vorbei, danach zieht der Weg nach links, dann nach rechts. In einer Einsattelung überqueren wir den Bach und gehen – unbezeichnet – nun auf dem bereits seit langem sichtbaren Steig nach links hinauf. Nach einiger Zeit treffen wir auch wieder auf einen Wegweiser. Nach weiterem Bergauf kommen wir auf die scharfe Schneide des Iselergrates. Nach rechts geht es zum Gipfelkreuz, das wir schon sehen können.

Der Zipfelsbach bildet zahlreiche beeindruckende Fälle.

Zurück folgen wir dem Weg auf dem Grat noch über die Einmündung unseres Anstiegsweges hinaus, bis kurz danach rechts ein steiler Steig abgeht. Das Bronzeschild trägt die Bezeichnung »Start Standardlauf«.

In steilen Serpentinen steigen wir nun hinab zur Bergstation des Liftes, dann noch etwas weiter und schließlich, den Schildern folgend, nach links zur Iselerplatzhütte. Direkt vor der Hütte zweigt nach links der »Palmweg Bad Oberdorf« ab. Er führt uns steil hinab zu einem breiten Weg, in den wir nach links einbiegen. Bald geht auch er wieder in einen Steig über. Es ist ein herrlicher Panoramaweg – etwas wehmütig stimmen nur die beiden Marterl, die von seiner Gefährlichkeit künden.

Nach einigen Kehren sind wir fast im Tal, hier treffen wir auf einen kreuzenden Weg und wenden uns nach links (Schild »Bergwachtweg Vaterlandsweg«). Wir spazieren nun hoch über dem Ostrachtal bis zum nächsten größeren Bacheinschnitt. Den Schleierfall ein Stück weiter links oben kann man nur ahnen, der Zugang ist leider versperrt. Unterhalb des Wasserfalls behalten wir unsere Richtung bei (»Vaterlandsweg Bruck«). Es geht nun durch relativ dichten Wald bis zu einer Verzweigung, hier orientieren wir uns mit dem Schild »Ostrachanlagen« nach rechts hinab zur Straße und auf dieser nach links. Kurz danach, noch vor der gedeckten Holzbrücke, nehmen wir den links abgehenden Weg, der die Straße abkürzt. Kurz danach sind wir wieder am Parkplatz.

Ausgangspunkt: Parkplatz am zweiten Haus der Allgäuer Kraftwerke nach Bruck/Bad Hindelang bei der Gedenkplatte für Prinzregent Luitpold.
Zeit: Etwa 6 Std.
Höhenunterschied: Etwa 1 100 m.
Empfohlene Wanderkarte: UK L 8 Allgäuer Alpen, Bayerisches Landesvermessungsamt.
Öffentliche Verkehrsmittel: Bus ab Sonthofen.
Sonstiges: Anstrengende, aber im Prinzip einfache Wanderung. Schwindelfrei und trittsicher sollte man jedoch sein. Wer in Hinterstein parkt, folgt ab hier der Beschilderung »Zipfelsalpe/Zipfelsbach/Iseler«.
Informationen: Kurverwaltung, Am Bauernmarkt 1, 87541 Bad Hindelang, Tel. 0 83 24/89 20, www.bad-hindelang.info

34 Hoch mit der Bahn, zurück auf dem Abenteuerweg
Breitenberg und Reichenbachklamm

Der bekannte Bergautor und Fotograf Dieter Seibert beschreibt die romantische Reichenbachklamm als den Abenteuerausflug, den er im Ostallgäu am meisten schätzt! Und auch er hat festgestellt, dass der Wanderer dort meist allein ist. Diese Blockwildnis ist laut Seibert sonst nur noch mit Landschaften in den Zentralalpen zu vergleichen. Da die Gesteinsschichten senkrecht verlaufen, konnte sich das Wasser steile Kamine graben. Das Bachbett ist gefüllt mit Felsblöcken jeglicher Größe bis hin zu riesenhaften Exemplaren, die von der Kraft des Wassers rund geschliffen und abgeschmirgelt sind.

Leider berührt man den Bach mit seinen vielen größeren und kleineren Wasserfällen nur ab und zu, manchmal sieht man ihn aus weiterer Entfernung, manchmal hört man ihn sogar nur rauschen. Die Durchwanderung des Tobels ist aber auf jeden Fall ein beeindruckendes Erlebnis.

Der Breitenberg, den man vor der Klamm besteigt, ist der nordwestliche Ausläufer und Eckpfeiler der Tannheimer Gruppe. Seinen Namen versteht man am besten, wenn man ihn mit etwas Abstand von Norden anschaut: Es ist ein massiges, breit hingelagertes Bergmassiv hinter Pfronten. Im Gegensatz dazu reckt sich daneben der Aggenstein wie ein Zacken nach oben. Die beschriebene Wanderung bietet ein leicht erreichbares Gipfelziel, das aber mit herrlichen Ausblicken lockt, vom Voralpenland mit der Ostallgäuer Seenplatte im Norden bis zu unzähligen Allgäuer, Tiroler und Schweizer Berggipfeln von Ost nach West.

Wandervorschlag

Den Aufstieg kürzt man am besten durch die Benutzung der 4er-Sesselbahn der Breitenbergbahn ab. An der Bergstation des Lifts folgt man dem weiterführenden Weg in Richtung »Ostlerhütte«. Der Steig schwingt sich erst hinauf zu einer plateauartigen Grasfläche, danach kommt ein weiterer Steilaufschwung zum 1 838 Meter hohen Gipfel des Breitenbergs.

Anschließend steigt man auf dem Anstiegsweg, nun immer den markanten Aggenstein und die Ammergauer Berge mit dem

In der wildromantischen Reichenbachklamm.

Säuling im Blickfeld, wieder abwärts, vorbei an der Bergstation der Sesselbahn, bis kurz vor der Bergstation der Breitenbergbahn. Vor der Hochalphütte jedoch orientiert man sich rechts (Richtung »Bad Kissinger Hütte«). Relativ eben führt der Steig immer am

Hang entlang bis direkt unter die senkrechten Nordwände des Aggensteins. Sollten sich in der Wand Gämsen befinden: Vorsicht vor Steinschlag! Kurz vor der Grenzhütte schwingt sich der Steig, nun zum Teil gesichert, noch einmal kurz empor.

An der Grenzhütte wendet man sich kurz nach rechts in Richtung »Bad Kissinger Hütte« (früher »Pfrontner Hütte«), gleich nach dem Durchlass geht es aber nach links abwärts (Schild: »Nur für Geübte!«). Wir wandern erst durch eine Blockwildnis, dann ein Stück über eine Skipiste und vorbei an der Schleppliftstation. Danach sind wir für einige Zeit auf einem steinigen Viehweg, der dann aber wieder in einen steilen Steig übergeht. Dieser führt uns (teilweise gesichert) am Reichenbach mit seinen Wasserfällen abwärts. Unsere Route ist durch rote Punkte gekennzeichnet.

An der Talstation des Materialliftes nimmt man den links abgehenden Pfad durch die Wiesen und ist in wenigen Minuten zurück an der Talstation.

Ausgangspunkt: Pfronten, Bergstation der 4er-Sesselbahn der Breitenbergbahn.

Zeit: Etwa 4 Std.

Höhenunterschied: Etwa 160 m.

Empfohlene Wanderkarte: Blatt UK L 10 Füssen und Umgebung, Bayerisches Landesvermessungsamt.

Öffentliche Verkehrsmittel: Pfronten ist Bahnstation.

Sonstiges: Im Prinzip einfache Tour, auch für größere Kinder geeignet, denen besonders der Abstieg durch die Klamm Spaß machen dürfte. Die Wege zum Breitenberggipfel und durch die Klamm sind bei Feuchtigkeit recht rutschig. Da man sich im Grenzgebiet bewegt, sollte man einen Ausweis mitnehmen. Möglich Frühsommer–Spätherbst.

Informationen: Pfronten Tourismus, Vilstalstr. 2, 87459 Pfronten, Tel. 0 83 63/6 98 88, www.pfronten.de

35 Ein stiller Waldsee und rauer Fels
Alatsee und Zirmgrat

»Ein angenehmer Ausflug lässt sich von Faulenbach nach dem nahen Alatsee machen. Träumerische Ruhe umgibt die Ufer dieses einsam gelegenen Sees; nur das Echo, wenn es geweckt wird, tönt vielstimmig von Wald und Bergeshang zurück.«
Josef Buck, 1856

Das Ostallgäu ist eine Landschaft, die viele idyllische Seen ihr Eigen nennen darf. Als besonders schöner Vertreter sei hier der 868 Meter hoch gelegene Alatsee vorgestellt. Man findet ihn am oberen Talabschluss des Faulenbacher Tals, das sich vom Füssener Ortsteil Bad Faulenbach aus nach Westen zieht. Er ist umrahmt von einigen kleinen Waldbergen, die südlich von den Tannheimer Bergen überragt werden. Der See und das Faulenbacher Tal sind durch Auslaugen von Gips und Anhydrit (wasserfreier Gips) in den Raiblerschichten (benannt nach dem Ort Raibl in Kärnten) entstanden, auf die auch die Faulenbacher Schwefelquellen zurückgehen.

In dem gewässerreichen Faulenbachtal von Füssen bis zum Alatsee ist die Talsohle bei den Seen in die Raiblerschichten eingeschnitten. Kurz vor dem Obersee befanden sich früher Gipsbrüche. Auch der Mittersee und der Obersee sollen auf ausgelaugte Gipslager zurückzuführen sein. Etwas weiter ist links ein Höhenzug aus Wettersteinkalk zu sehen, rechts einer aus Hauptdolomit, das Tal selbst befindet sich aber weiterhin in den Raiblerschichten.

Der westliche Eckpfeiler des ausgedehnten Kalkzuges des Salobers ist der Falkenstein. Wenn man von Süden oder Westen kommt, sticht der markante Fels aus Wettersteinkalk schon von weitem ins Auge – aus diesem Hauptfels der Bayerischen Alpen bestehen auch Kaisergebirge, Wettersteinmassiv, Karwendel, Mieminger und viele andere Berge. Im Allgäu ist dieses Gestein, das von Kletterern sehr geschätzt wird, nur noch am Säuling und in den Tannheimer Bergen vertreten. Wer am Falkenstein gut aufpasst, kann immer wieder die ringförmigen Querschnitte der Kalkhüllen von Dasycladaceen entdecken. Dasycladaceen sind Meeralgen, die vom Kambrium bis in das Tertiär mit etwa sechzig Arten gesteinsbildend waren; heute gibt es noch zehn Arten.

Von Norden bzw. von den südlich liegenden hohen Berggipfeln her gesehen ist der Salober nur ein kleiner Bergrücken mit

Der Wanderweg verläuft über den Kamm des Salobers, rechts liegt das Vilstal.

»Höckern« in der Kammlinie, nämlich dem 0 (1 252 m), Zwölferkopf (1 283 m), Zirmgrat (1 288 m) und Salober (1 174 m). Die Grenze Deutschland/Österreich verläuft über den Kamm, teilweise am Wandersteig. Der Zirmgrat ist eine bis zu 500 Meter hohe Wand aus Wettersteinkalk, die durch ihre Härte der Verwitterung widerstand. Nach Süden bricht der Fels jäh ab ins Vilstal. Durch die alleinstehende Lage hat man vom Falkenstein aus eine umfassende Aussicht. Auf dem Gipfel liegt die mit 1 258 Meter höchstgelegene Burgruine Deutschlands; hier wollte Ludwig II. ein weiteres Märchenschloss errichten – noch schöner und noch traumhafter als Neuschwanstein. Unvorstellbar, wenn das wahr geworden wäre ...

Die vorgeschlagene Wanderung verläuft durch schönen Bergwald, der reizvolle Einzelbilder bietet und über Wiesenteppiche mit einer reichhaltigen Flora. Der Gipfel krönt die Tour mit einem überwältigenden Ausblick. Am Zirmgrat tritt der Fels zutage, üppiges Gras, Bergblumen und oft bizarr geformte Kiefern vermischen sich zu hochalpinen Eindrücken.

Wandervorschlag

Die Wanderung beginnt am verträumten Alatsee, der größte Teil verläuft im Wald, was an heißen Sommertagen ein besonderer Genuss ist. Am See startet man an dem nach Westen abgehenden

Weg »Zum Salober«. Das Sträßchen verläuft in mehreren Kehren steil nach oben zur Saloberalm, im Blick hat man hier auf der linken Seite das Bergmassiv der Schlicke. Am Kreuz nimmt man den nach rechts führenden Weg, der mit »Über den Zirmgrat zum Falkenstein« bezeichnet ist. Er steigt leicht an, zieht bald nach links und über den Felsabbruch, die »Seewand«, 400 Meter hoch über dem Weißensee. Auf ihn hinunter und weiter nach Norden auf die Ostallgäuer Seenplatte bzw. nach Osten auf Füssen hat man von hier aus eine grandiose Sicht. Der Pfad, der streckenweise durch ein Geländer gesichert ist, verläuft nun bergauf-bergab in einem märchenhaften und idyllischen, lichten Wald. Allerdings ist der Pfad gelegentlich nicht ganz eindeutig auszumachen – man sollte daher immer auf die roten Punkte achten. Vor dem Zirmgrat kommt ein längerer Aufstieg in Serpentinen, oben werden wir allerdings durch schöne freie Sicht auf das Vilstal, die südlich davon liegenden Berge mit dem beherrschenden Aggenstein und dem Breitenberg belohnt. Es geht nun weiter, zuerst bergab, an markanten Felsen vorbei, bis man auf das Sträßchen trifft, das von Pfronten-Meilingen zum Restaurant führt. Ihm folgt man nach links bergauf. Bald kommt man an eine schöne, freie Stelle mit Bänken, einem Gedenkkreuz und einem hübschen schmiedeeisernen Marterl für den »Waldschrat«, auch »Falkensteinsepp« oder »Kohlseppl« genannt, ein Original, das während des königlichen Straßenbaus hier als Kantinenwirt wirkte.

Weiter aufwärts erreicht man die Reste der Burg. Hier lesen wir, dass König Ludwig an dieser Stelle oft geweilt hat, *»um den Anblick der hehren Gebirgswelt zu genießen«*. Das Kreuz auf der Kuppe unterhalb der Ruine ist das Ehrenmal für die rund 10 000 in Russland gefallenen Angehörigen der »Spielhahnjäger«, der 97. Gebirgsjäger-Division.

Ausgangspunkt: Alatsee, zu erreichen ab dem Ostufer des Weißensees an der B 310 Füssen/Pfronten.
Zeit: Etwa 2 1/2 Std.
Länge: Etwa 14 km.
Höhenunterschied: Etwa 800 m.
Empfohlene Wanderkarte: UK L 10 Füssen und Umgebung, Bayerisches Landesvermessungsamt.
Sonstiges: Es handelt sich um eine schöne Waldwanderung, die zudem einige Aussichtspunkte bietet. Man

geht bis auf den Anfang und den Schluss auf Steigen, die bei Feuchtigkeit rutschig sein können. Auch die Höhenmeter sind nicht zu unterschätzen. Möglich in Zeiten ohne hohen Schnee. Da man sich im Grenzgebiet befindet, sollte man einen Ausweis mit sich führen.

Informationen: Tourist Information, Kaiser-Maximilian-Platz 1, 87629 Füssen, Tel. 0 83 62/9 38 50, www.fuessen.de

36 Ein See wie ein Fjord
Über die Stuibenfälle zum Plansee

»Der Wasserfall des Stuiben – am schönsten bei sinkender Sonne, wenn der aufwirbelnde Wasserstaub in dem brillantesten Farbenspiele erglänzt – darf wohl den gerühmtesten Fällen in den Tiroler und Schweizer Alpen an die Seite gestellt werden. Die Wanderung fortsetzend, gelangt man bald zu einem Arme des Plansees; dieser, höchst malerisch von hohen Bergen eingeschlossen, liegt 3218 F. über dem Meere; er ist 1 1/2 Stunden lang und 1/2 Stunde breit, und seine Tiefen bergen die köstlichsten Karpfen und Sälblinge ...«
Josef Buck, 1856

Diese Sehenswürdigkeiten liegen im Nachbarland Tirol, befinden sich aber noch im »Dunstkreis« des Allgäus, das gleich hinter den Bergen beginnt, und sind vom Ostallgäu nur einen Katzensprung entfernt.

Die Stuibenfälle bezaubern vor allem durch bizarre Felsformen. Zuerst wird ein rauschender Wasserfall von Gumpen aufgefangen, über Felsgestein setzt das Wasser dann seinen Weg nach unten fort. Anschließend wandert man wieder an Gumpen und Strudellöchern vorbei bis zum höchsten Wasserfall dieser »Serie«, der in einem beeindruckenden kesselförmigen Talschluss liegt. Später hat man vom Weg aus noch einen Blick tief hinab auf eine weitere Kaskade.

Der Plansee, der wie ein Fjord in der Bergeinsamkeit liegt, ist ein Alpenjuwel. Und selbst der Tourismusbetrieb kann diesen Eindruck nicht zerstören. Der See entstand in der Eiszeit durch Ausschürfung der felsigen Unterlage zu einer Wanne; aufgestaut wurde er, als sich gegen Ende der Eiszeit ein Moränenwall ablagerte. Ursprünglich hing er vermutlich mit dem Heiterwanger See zusammen. Erst im Laufe der Zeit hat der Pitzenbach durch die Aufschüttung gewaltiger Schottermassen die beiden Teile getrennt. Im 11. Jahrhundert hat man den See erstmals erwähnt, allerdings wurde damals von den »Aiterwanger Wildseen« geschrieben.

Einer alten Überlieferung zufolge soll der unterhalb des Grenzbergs herausfließende Bach immer gleich viel Wasser führen. Daraus schloss man einst, dass er vom Plansee gespeist würde. Die bayrischen Anwohner des Gebietes um Grieß hatten deshalb Angst, dass der See einmal durchbrechen und das Land

Vorbei an tiefgrünen Gumpen und rauschenden Wasserfällen führt der Weg zum Plansee.

verwüsten könnte. Um dieses Unheil abzuwenden, unternahmen sie Wallfahrten zur Kapelle beim Gasthof »Forelle«.

Das 285 Hektar große Gewässer kann bis zu sieben Meter eingesehen werden, es ist mit einer Länge von 6 300 Metern und einer Breite von 1 200 Metern (was Josef Buck 1856 jeweils mit eineinhalb Stunden und einer halben Stunde bemaß) der zweitgrößte See Tirols und bis zu 76,5 Meter tief. Drei größere Zuflüsse enden am Unterlauf auf Schuttfeldern, versickern und erreichen den See dann unterirdisch. Der einzige sichtbare Abfluss, der Archbach, führt zu den Stuibenfällen und endet im Lech.

»Derselb Plansee ligt Zn negst unnder vor geschriben Aiterwanger Se. der hat auch Golt und Grunt Vörhen, Volknen und Prachsen. Und das ist auch ein sonnder lasstiger nutzperlicher See einem Landsfürsten dann sonnder guet wolgesmach Visch darin sind und dem Landsfürsten zu seiner Casl und Kuchl wol dienen.« Kaiser Maximilian I, Fischereibuch

Der See besitzt zwar heute nicht mehr den Fischreichtum wie zu Maximilians Zeiten, aber man findet noch Bach-, See- und Regenbogenforellen, Saiblinge, Salmoniden, Barsche, Renken und Karpfen. Die größte Forelle, die je im See gefangen wurde, war 1,34 Meter lang und wog 24 Kilogramm, ihren präparierten Kopf kann man im Gasthaus »Forelle« bestaunen. Außerdem findet man noch zahlreiche Schneckenarten.

Der Name Plansee (Phlase, Please, Plense) kommt vielleicht aus dem Sprachgebrauch der voralpinen Bevölkerung, aus dem romanischen »plan«, »Ebene«. Landesfürsten wie Herzog Sigmund der Münzreiche oder Margarete Maultasch sind gerne an den fischreichen See gekommen, von dem es 1550 hieß: *»Aitrwanger forhen wolbekandt haben den Preis im ganzen Landt«*. Auch Sigmunds Nachfolger Maximilian liebte den See wegen des Fisch- und Wildreichtums, wie man an dem oben zitierten Eintrag in seinem Fischereibuch sieht. In der Umgebung, beispielsweise im nahen Ammerwald oder zwischen Sulztalalpe und Kühbach nördlich des Sees, wurde ab dem 13. Jahrhundert Eisenerz geschürft, die unbedeutende Nutzung wurde jedoch vor dem zweiten Weltkrieg eingestellt.

Personenschifffahrt gab es schon 1909: das achtzig Personen fassende Schiff Margarethe und das hundert Personen fassende Schiff Wilhelm. Da beide im Winter 1944/45 durch starken Eisdruck zerstört wurden, hat man sie in der Mitte des Sees versenkt!

Wandervorschlag

Wir spazieren im Ortsteil Mühl von Reutte zu den Gebäuden der Plansee AG bzw. folgen der Beschilderung zum »Stuibenfall«. Nach den Gewerbeanwesen kommen wir unter der Schnellstraßenbrücke hindurch. An der Stelle, wo die Straße dahinter nach links über den Bach führt, wandern wir rechts davon geradeaus weiter, am Umspannwerk entlang bis zu einer Brücke, hier sehen wir bereits den ersten Wasserfall.

Anschließend folgen wir dem Weg »Über Stuibenfall«. Danach geht es am flachen Bach entlang, der sich aber dann vom Weg entfernt. Schließlich steigt es an bis zum höchsten Wasserfall. Am Schluss sehen wir noch einen Fall in einem großartigen Kessel; zu ihm zu gelangen, ist allerdings nicht so einfach.

Nun geht es weiter aufwärts und zur Straße. Kurz davor hat man nach links einen Blick tief hinab zu einem hohen Wasserfall. Wir wandern anschließend ein Stück auf der Straße, hinter der Kapelle biegen wir nach links ab auf den »Ministersteig«. Nach einiger Zeit zweigt wieder nach links ein schmaler Pfad ab und bringt uns hinab zum ersten Fall. Nun spazieren wir zurück zur Plansee AG und dann auf bekanntem Weg zum Ausgangspunkt.

Wer noch zum Plansee möchte, geht vor dem Rückweg auf dem Sträßchen weiter, erst zum Kleinen Plansee, dann zum Großen oder nach rechts zum Heiterwanger See.

Ausgangspunkt: Mühl/Reutte.
Zeit: Etwa 3 Std.
Länge: Etwa 6 km (ohne Plansee).
Höhenunterschied: Etwa 180 m.
Empfohlene Wanderkarte: UK L 10 Füssen und Umgebung, Bayerisches Landesvermessungsamt.
Öffentliche Verkehrsmittel: Bahnverbindung bis nach Reutte.
Sonstiges: Ein herrliches Spielgelände für Kinder ist das Bachbett. Bei den Steilabstürzen muss man allerdings auf sie aufpassen.
Informationen: Tourismusverband Ferienregion Reutte, Untermarkt 34, A-6600 Reutte, Tel. ++43/56 72/ 6 23 36, www.reutte.com

37 Wasser in allen Variationen
Pöllatschlucht und Alpsee

Über die Pöllatschlucht schreibt ein alter »Rother«-Führer: *»Zweifellos der romantischste Weg zur Gralsburg. Am schönsten etliche Stunden nach einem Gewitterguss, wenn sich die Pöllat recht wild gebärdet«.* Hervorzuheben ist nicht allein der wagemutig am Fels befestigte Weg, der Bach, der munter zwischen Felsbrocken dahinstrudelt und -braust, oder die historische Bachführung am Unterlauf. Besonders malerisch ist vor allem, wie die Pöllat hier eine vom richtigen Bergmassiv abgeschnittene, weit herunterreichende Klamm ausgeschliffen hat, die sich durch tief ausgeräumte Gufeln, riesige, glatt geschliffene Felsblöcke und einen 45 Meter hohen Wasserfall auszeichnet. Daneben hat man die Möglichkeit, von der 92 Meter hohen Marienbrücke einen wunderschönen Blick auf Neuschwanstein zu genießen.

Bei dieser Tour sind auch die gebirgsbildenden Vorgänge eindrucksvoll nachzuvollziehen, denn schon auf dem Weg vom Gymnasium bis zur Gipsmühle geht man auf der morphologischen Grenze zwischen Gebirge und Vorland. Hinter der Mühle kann man *»ins Gebirge hinein- und herausspringen«*, wie einmal geschrieben wurde. Nach dem Schluchteingang, dem »Schlupfloch ins Gebirge«, sind rechts Aptychenschichten aufgeschlossen, die an der Engstelle von der glatten Wand des Bunten Jurakalks (Hierlatzkalk) abgelöst werden. Wo sich am Ende des Stegs die Schlucht weitet, findet man Gesteine aus dem Trias; danach folgen Raiblerschichten und der widerstandsfähigere Hauptdolomit, der auch für den Wasserfall »verantwortlich« ist.

Auffälligerweise liegen die jüngeren Schichten unter den älteren Gesteinen. Das liegt daran, dass sich bei der Gebirgsbildung die Schichtstapel der abgelagerten Steine von ihrem kristallinen Untergrund lösten. Sie wurden über große Entfernungen vom Süden in den Norden verschoben und dabei in Decken zerlegt. Hier in der steilwandigen Pöllatschlucht befindet sich der Nordrand der so genannten Lechtaldecke, die über die Allgäudecke geschoben wurde. Die Grenze zwischen beiden liegt bei der Gipsmühle. Werden von solchen Schichten kleinere Teile abgetrennt, sind sie als »Schuppen« im Gelände sichtbar! Dazu gehört auch die »Schuppe von Hohenschwangau«, die aus Hauptdolomit und Buntem Jurakalk besteht.

Um den Alpsee führt ein schöner Rundwanderweg.

Die Pöllat entspringt zwischen Straußberg und Kreuzkopf in den waldreichen Ammergauer Bergen, fließt innerhalb des Gebirges weiter und vereinigt sich mit vielen Zuflüssen. Kurz vor dem Ende des Gebirgsstocks, wo die bewaldeten Steilhänge zur Füssener Seenplatte abstürzen, knickt ihr Lauf nach Norden ab und fällt unter der Marienbrücke in eine tiefe Schlucht. Das ganze Tal, dessen reizvollste und romantischste Ecken am Ausgang zu finden sind, wurde unter Schutz gestellt. Der Pöllatbach teilt sich dann in zwei Teile auf, die nun Mühlberger Ach heißen. Während der eine dem Forggensee zufließt, hat der andere Verbindung zum Bannwaldsee.

Im schattigen Grund des Tales wachsen Bergahorn, Eschen und Bergulme, außerdem Hirschzungenfarn, Waldgeißbart und Stacheliger Schildfarn – Pflanzen, die feuchte Atmosphäre lieben. Das gesamte Schutzgebiet Pöllattal bietet Raum für Pflanzen vom montanen bis zum alpinen Bereich, außerdem leben im oberen Teil reiche Gams- und Rotwildbestände sowie Auerwild.

In der Mitte der Tour hat man außerdem die Möglichkeit, das Schloss Neuschwanstein zu besichtigen. Auf dem Winterzugweg können wir anschließend den herrlichen Wald und die Aussicht – im Gegensatz zum Schloss – fast alleine genießen.

Die empfohlene Wanderung endet mit einem Spaziergang um den Alpsee. Seen dieses Namens kommen in den Alpen mehrfach vor – im Allgäu beispielsweise gibt es einen Namensvetter bei Bühl. »Unser« von steilen Waldhängen umrahmter Alpsee erreicht eine Tiefe von 59 Metern, ist 1800 Meter lang und 800 Meter breit. Weitere Attraktionen sind der so genannte Israelit, eine mächtige Felsformation, sowie die Marienbuche und das Marienmonument. Das im Bereich der Raiblerschichten liegende Becken des Sees wurde während der Eiszeiten bis zu sechzig Meter tief ausgeschürft. Die Umgebung liegt auf einer Kalkunterlage, hier wachsen Nesselblättriger Ehrenpreis, Hainsalat, Kugelige und Ährige Teufelskralle und vieles mehr. Am Steilufer am Kitzstein, einem Felsmassiv aus Wettersteinkalk, gedeihen Rote Schneeheide, Behaarte Alpenrose und Alpen-Heckenrose; am verlandeten Westende des Sees findet man Schilf, Seggen und Tannenwedel, in den nordwestlichen Bereichen bewundert man noch wenige Exemplare der blaublütigen Sibirischen Schwertlilie. Sonnenverwöhnt ist das Nordufer; hier schmiegen sich lichte Misch- und Föhrenwälder an und in den Felswänden kauern kalkliebende Pflanzen wie beispielsweise als botanische Kostbarkeit die Strauchige Kronwicke, ein gelb blühender Schmetterlingsblütler, den man sonst nur noch in den Südalpen antrifft.

Wandervorschlag

An der Kreuzung, von Füssen her kommend, wo sich die Information und eine Bushaltestelle befinden, führt zwischen dem Kainaparkplatz und dem Haus ein Weg direkt in Richtung Berg bzw. Wald. Erst ist »Neuschwanstein«, kurz darauf auch »Pöllatschlucht« angezeigt. Wir spazieren hier kurze Zeit geradeaus, an der Verzweigung – rechts »Schloss«/links »Pöllatschlucht« – bleiben wir links. Am Waldrand entlang kommen wir in wenigen Minuten zur alten Gipsmühle.

Hier beginnt rechts die wildromantische Pöllatschlucht; der Weg ist anfangs als Steg in den Fels montiert. Vorbei am brausenden Wasser steigt er an und bald merkt man, dass man sich direkt unter dem Schloss befindet. Links fällt der Wasserfall herab – hier steigen wir rechts noch die Stufen hoch bis zu einem asphaltierten Sträßchen. Rechts gelangt man zum Schloss, dessen Besichtigung wir uns nicht entgehen lassen sollten. Danach spazieren wir dieses Sträßchen wieder hoch. Oben finden wir den Aussichtspunkt »Jugend« mit herrlichem Blick auf die Allgäuer und Tannheimer Bergwelt, die Seen, Füssen und das Voralpenland. Nach links kommen wir zur Straße mit Haltestelle und Holzpavillon. Hier halten wir uns links zur Marienbrücke, die sich direkt über die Pöllatschlucht spannt und einen malerischen Blick auf das Schloss bietet. Anschließend biegen wir – noch vor der Ampel – in den nach links führenden Weg mit der Bezeichnung »Zum oberen Winterzugweg 39« ein. Wenn dieser eine scharfe Linkskurve macht, verlassen wir ihn nach rechts. Es geht nun auf einem fast alpin anmutenden Steig mit leichtem Bergauf und Bergab weiter.

Der Pfad nähert sich der Straße, verlässt sie aber wieder. Eine Aussicht auf den Alpsee, Hohenschwangau und auf die Bergwelt im Hintergrund blitzt ab und an auf. Nach einiger Zeit erreichen wir die Marienbuche. Wer schon genug hat, kann hier abwärts schlendern, vielleicht noch den Israeliten, eine mächtige Felsformation, bewundern und dann am Alpsee entlang zurückspazieren. Ansonsten wandern wir weiter über den Lobatboden auf dem Kitzbergweg in Richtung »Fürstenstraße«. Vor einer Art Graben kurvt der Weg scharf nach rechts hinab. Nach einiger Zeit des Abwärtsmarschierens treffen wir auf ein Schottersträßchen, jetzt läuft man kurz nach links, dann auf der asphaltierten Fürstenstraße nach rechts. Kurz darauf zweigt nach rechts ein Pfad zum Marienmonument ab, errichtet zum Gedenken an die Königinmutter Marie. Ab hier geht es nach rechts entlang des Alpseeufers zurück, z.T. auf hölzernen Stegen über dem See.

Ausgangspunkt: Parkplatz Hohenschwangau (kostenpflichtig), Schwansee (frei).
Zeit: Etwa 3 Std.
Länge: Etwa 8 km.
Höhenunterschied: Etwa 250 m.
Empfohlene Wanderkarte: UK L 10 Füssen und Umgebung, Bayerisches Landesvermessungsamt.
Öffentliche Verkehrsmittel: Busverbindung vom Bahnhof Füssen zum Ort Hohenschwangau.
Bademöglichkeit: Strandbad Alpsee.
Sonstiges: Im Prinzip leichte Wanderung, gutes Schuhwerk ist dennoch erforderlich, denn die Stege, Brücken und Wurzeln können rutschig sein. Im Winter ist die Pöllatschlucht gesperrt. Wer das Schloss besichtigen will, muss sich die Eintrittskarten bereits am Ausgangspunkt besorgen.
Informationen: Tourist Information, Münchener Str. 2, 87645 Schwangau, Tel. 0 83 62/8 19 80, www.schwangau.de

38 Er gab den Schlössern den Namen
Der Schwansee

Der 789 Meter hohe Schwansee, gelegen vor Hohenschwangau und Schloss Neuschwanstein, ist ein herrliches Stückchen Allgäu. Die Umgebung des etwa 700 Meter langen und 400 Meter breiten Sees mit den weiten Wiesen, dem Wald und den einzelnen Bäumen und Baumgruppen darin wirkt fast wie ein Park – nicht ohne Grund, wie man noch sehen wird!

Die ganze Gegend mit den teils moorigen und stark verlandeten Ufern steht unter Naturschutz. Trotzdem gibt es auch einen (kostenlosen!) Badeplatz mit Liege- und Spielwiesen. Und das ist auch gut so, denn hier blüht eine herrliche Flora mit Orchideen und Trollblumen. Im Herbst leuchten die Gräser in prächtigem Orange. Im Gegensatz zum Alpsee ist der Schwansee mit seinen verlandeten Ufern flach und teilweise moorig.

Der ehemalige »königliche Park« um den See umfasst eine Fläche von 58,4 Hektar. Neben Fichten, Bergahorn, Eschen, Birken, Kiefern u. a. hat man auch eine Reihe von eingebrachten Pflanzen wie z.B. die Seerose festgestellt. Dies rührt daher, dass Kronprinz Maximilian den so genannten »Rohrachfilz« in »Anlagen im englischen Stil« (so das Grundbuch) umwandeln wollte – er hatte das Areal nördlich seines soeben fertig gestellten Landsitzes Schloss Hohenschwangau 1837/38 erworben. Im Frühjahr 1838 begann man mit der Neuanpflanzung. Gartengestalter war Carl August Sckell (1793-1840), der Sohn eines Landschaftsgärtners. Ein vom 18. Mai 1838 datierter Plan von Sckells Hand zeigt den südlichen Teil des künftigen Parks um Hohenschwangau. Darin wird eine unregelmäßig liegende Acht dargestellt, aber keine Gartenarchitekturen. Dafür sollten aber entlang der Wege Bäume gepflanzt werden, und mitten in der Anlage hat er zwei mit »Park« bezeichnete Rasenflächen skizziert.

Mit der »Verschönerung« des Areals wurde 1849 begonnen, indem man insgesamt 5 000 Bäume und Sträucher pflanzte. 1851 wurde schließlich vom Königshaus der Rest des Rohrachfilzes zur Erweiterung der Anlage angekauft und bereits im Jahr darauf zeichneten J. Wenglein und Forstmeister Thoma die Pläne für die Ausformung des größeren Parks. Darin war sogar eine Reitbahn verzeichnet! Nachdem der preußische König Friedrich Wilhelm IV. im August 1853 Hohenschwangau besucht hatte,

Die Landschaft um den Schwansee wirkt fast parkartig.

wurde im November 1853 – ob davon beeinflusst oder nicht, ist nicht bekannt – von Peter Josef Lenné (1789–1866), »Director der Königl. Preußischen Hofgärten«, ein Plan für den »Kön. Park Hohenschwangau« vorgelegt. Er gab auch Empfehlungen für die weitere Ausgestaltung. Das Gelände sollte von breiten Rand- und Uferwegen erschlossen werden, weitere Verbindungen dann zu einem zentralen Kreuzungsplatz führen. Dabei verlief keine Kreuzung im rechten Winkel. Außerdem fiel auf, dass sich die Pflanzungen fast nur entlang der Wege hinzogen oder sich um Kreuzungen oder Abzweigungen gruppierten – auf diese Weise entstanden breite Sichtachsen. Man plante, auf der Westseite des Parks ein Beet zu verbreitern um eine buchtenreiche Uferzone zu schaffen. Auch hier war im Südosten eine Reitbahn eingezeichnet. Da zwei Wasseradern die Parkfläche beleben sollten, wollte man den Abfluss des Schwansees aufstauen.

Auch wenn Lennés Entwürfe nicht unverändert umgesetzt werden konnten – die Reitbahn fiel bescheidener aus und die geplanten Gewässer waren wegen der Gefahr der Versumpfung nicht zu verwirklichen – ist doch zumindest die heutige Wegführung sowie die Bepflanzung auf ihn zurückzuführen.

Nach dem Tod Max II. und wegen des geringen Interesses Ludwigs II. an einem volksnahen Park wurde die Pflege der Anlagen hintangestellt. Schließlich standen nur noch forstwirtschaftliche

Interessen im Vordergrund. Dazu wurde die Fläche während des Ersten Weltkrieges entwässert, indem man mit Hilfe von Kriegsgefangenen einen unterirdischen Kanal baute, der unterhalb des heutigen Kraftwerkes Horn in den Lech mündete.

Der aus dem Lechquellengebirge kommende Fluss erreicht nach 74 Kilometern Bayern. Weil mächtige Moränen aus der Eiszeit dem Strom seinen ursprünglichen Weg durch das Vilstal versperrten, musste er nach Norden abbiegen. Er schuf sich beim Lech- oder Mangfall, dem Lechdurchbruch bei Füssen, eine schroffe Schlucht. Hier hat er sich tief in das Gestein eingeschliffen und man sieht noch heute an den zerfurchten Felswänden die Spuren seiner langen, zähen Arbeit. Gut beobachten kann man das Naturschauspiel vom Maxsteg aus, der über die Klamm führt. Er bietet einen eindrucksvollen Blick auf den Wasserfall – der Lech bildet an dieser Stelle die größte Stromschnelle Deutschlands – und die Schlucht. So wild wie er sich hier als reißender Gebirgsfluss zeigt, so breit, ruhig und träge fließt er später kurz vor dem Forggensee dahin.

Direkt am Lechfall gibt es einen Gletschertopf, der durch die eiszeitlichen Schmelzwasser entstanden ist. Er trägt eine auffällig geformte Vertiefung im Fels, die aussieht wie ein Fußabdruck: der Magnustritt. Der Legende nach soll ein St. Gallener Wandermönch, der heilige Magnus, auf der Flucht vor wilden Tieren in seiner Not über die tiefe Klamm gesprungen sein, und dabei – so erzählt man – hat er sich mit solcher Kraft abgestoßen, dass diese Vertiefung übrig blieb. Der um 700 geborene Magnus war nicht nur ein frommer Missionar, sondern auch ein praktisch veranlagter Mensch: Aus seiner Mönchszelle entstand die erste Kirche in der Gegend. In einer Nische im senkrecht abfallenden Marienfelsen befindet sich die Marmorbüste von König Max II.

Wandervorschlag

Vom Zentrum in Füssen aus spazieren wir zur Theresienbrücke und hinter ihr nach rechts bis zu der kleinen Frau-am-Berg-Kirche, wo links der Weg zum Kalvarienberg beginnt. Während wir auf Stufen den aus Wettersteinkalk und Partnachschichten gebildeten Berg hochsteigen, schauen wir uns gern immer wieder um, denn der Blick auf die Stadt und die Ostallgäuer Seenlandschaft wird von Schritt zu Schritt großartiger. Schließlich erreichen wir die kleine, gelb getünchte Kapelle mit der modernen Kreuzigungsgruppe und der Schlange, die sich recht lebensecht um ein Kreuz windet. Nach kurzem Anstieg stehen wir dann auf dem Gipfel des Kalvarienbergs. Hier ist ein zwölf Meter tiefer Stollen in den Berg gegraben, darüber steht ein modernes Kruzifix.

Nun steigen wir wieder ab, uns nun an dem Schild »Schwansee« orientierend. Nach etwa zehn Minuten auf einem schmalen Pfad kommen wir zu einem Forstweg, dem wir nach links folgen. Nach etwa zehn Minuten erreichen wir den Talgrund und den Schwansee. Hier führt unser Weg nach rechts – vorerst empfiehlt sich jedoch eine Umrundung des idyllischen Sees.

Wenn wir dann weiterwandern, halten wir uns bei der kurz darauf folgenden Verzweigung rechts. Der Weg steigt etwas an bis zu einer Kreuzung, wo es wieder abwärts gehen würde, wir aber biegen, uns an dem Schild »Romantischer Rundwanderweg« orientierend, nach rechts ab und wenden uns kurz darauf nach links in Richtung »Füssen« bzw. »Lechfall«. Nach wenigen Minuten folgt ein Aussichtspunkt mit einer pilzartigen Überdachung, hier gehen wir auf den Stufen weiter abwärts und kommen zum Lechfall, den wir auf dem Maxsteg von 1895 überqueren. Man beachte die Hochwassermarken, die einen Eindruck von der Wassermenge zur Zeit der Schneeschmelze vermitteln! Kurz danach weist eine Tafel zur »Via Claudia Augusta«. Nun folgen wir den Schildern »Füssen« bzw. »Innenstadt«.

Ausgangspunkt: Füssen.
Zeit: Etwa 2–3 Std.
Länge: Einschließlich Schwanseeumrundung etwa 6 km.
Höhenunterschied: Etwa 220 m.
Empfohlene Wanderkarte: UK L 10 Füssen und Umgebung, Bayerisches Landesvermessungsamt.
Öffentliche Verkehrsmittel: Bahnverbindung nach Füssen.
Sonstiges: Einfache Wanderung, bei Nässe können die Wege teilweise rutschig sein.
Informationen: Tourist Information, Münchener Str. 2, 87643 Schwangau, Tel. 0 83 62/8 19 80, www.schwangau.de
Tourist Information, Kaiser-Maximilian-Platz 1, 87629 Füssen, Tel. 0 83 62/9 38 50, www.fuessen.de

39 Ein steingewordener Traum im Moor
Wiesfilz und Wieskirche

Die Wieskirche, im Volksmund kurz »Wies« genannt, liegt am äußersten Ostrand des Allgäus und eigentlich schon im Pfaffenwinkel, umgeben von herrlicher Natur. Auf wunderbaren Wander- und Radtouren lässt sich dieser Landstrich durchstreifen. Allerdings fährt man nicht nur deswegen dort hin – auch kulturell hat die Gegend mit der Wallfahrtskirche zum gegeißelten Heiland und der Kirche in Steingaden einiges zu bieten.
Die Hauptsehenswürdigkeiten sind natürlich die Wieskirche und die Steingadner Klosterkirche, aber das Wiesmoor oder (der) Wiesfilz, der unmittelbar bei der Wieskirch beginnt, ist ein prächtiges Stück Natur, das man sich nicht entgehen lassen sollte. Er beginnt mit seinem auffallend bräunlichen, schütter von Spirken bewachsenen Rändern kurz hinter dem Parkplatz der Wieskirch. Besonders schön ist es vielleicht im Frühsommer, wenn die Pflanzen in voller Blüte stehen. Aber auch der Herbst entfaltet hier einen ganz besonderen Reiz. Man hat eine eindrucksvolle klare Sicht auf die Trauchgauer, Allgäuer und Tannheimer Berge, das Gras in den zahlreichen Mooren bezaubert in hell leuchtendem Orange, und an den warmen Tagen, die es ja immer noch gibt, sieht man die Luft flimmern – man könnte an manchen Stellen im Moor meinen, in der afrikanischen Savanne zu sein! Und auch das Rindvieh, das um diese Jahreszeit noch draußen weidet, erfreut uns durch sein Glockengebimmel. Das Moor ist etwa 400 Meter breit und als einziges in Südbayern auf Bohlenbrettern zu überqueren; übrigens ein ehemaliger Kirchweg. Er erschließt dem Naturfreund den Zauber einer ursprünglichen, urweltartig wirkenden Landschaft. Das Moor entstand im Wechsel der nacheiszeitlichen Klimafolgen, vermutlich durch Versumpfung in tonig ausgekleideten, von den Rückzugsmoränen abgeriegelten Becken. Was viele wahrscheinlich nicht annehmen würden: Moore sind einschließlich der Moose und Flechten an Lebewesen so reich wie vermutlich keine andere Pflanzenformation der Erde.

Der Wiesfilz ist ein wertvolles Hochmoor mit seltenen Pflanzen, gelegen im Grenzbereich der Rückzugsmoränen des Ammergauer und des Lechgletschers und es entpuppt sich als ein nasses und schlenkenreiches Latschenmoor. Es steht mit seinem

Durch das herrliche Wiesfilz führt der Brettlesweg.

Nährstoffaufkommen zwischen dem Hoch- und dem mineralkräftigeren Flachmoor. Das Weiße Schnabelriet (Rhynchospora alba) kommt großflächig vor, auch findet man verbreitet die gamsbartähnlichen Horste der Rasenbinse (Trichophorum caespitosum). In seinen Randbereichen vereinigt sich der moorige Wasserspiegel mit dem der umliegenden Moränenhöhen zum so genannten »Lagg«, einem kleinen, jedoch den Zutritt erschwerenden Wasserfaden. Typisch ist der schmale Randgürtel der oft auf Stelzwurzeln stehenden Schwarzerle und der Esche.

In diesem Bereich, aber auch in den kleinen, seichten und dunkelschlammigen Wasserflächen, den Schlenken, stellte man eine stattliche Zahl von Pflanzen fest, die es nur hier gibt. Insbesondere am Südrand des Wiesfilzes, nahe der nach Westen führenden Waldstraße, findet man u. a.: Faulbaum, Öhrchenweide, Alpenhaargras, Sumpfherzblatt, Blasen- und Steifsegge, Wasserschwaden, Sumpfhaarstrang, Weiße Waldhyazinthe und Blutweiderich. Um die Schlenken wachsen als Zeichen der Nährstoffarmut die Blumenbinse, Rund- und Langblättriger Sonnentau, Faden- und Schlammsegge, Wasserschlauch, insbesondere aber viele Arten von Sphagnum- und Torfmoosen. Sie werden am Rand abgelöst durch Trollblumen, dem zu den Knabenkräutern gehörenden Echten Sumpfstengel, Seggen, Moorbirke, Sumpfschachtelhalm, Sumpfhaarstrang, und viele andere. Den Randbereich haben die bis zu zwölf Meter hohen Spirken in Beschlag genommen. Im benachbarten Wald dehnen sich im Frühjahr große Teppiche mit Märzenbechern aus.

Mitten durch dieses herrliche Moor führt der Brettlesweg; nur auf ihm darf es betreten werden, um die sehr trittempfindlichen Weichböden mit der moortypischen Pflanzenwelt nicht zu schädigen. Es bietet faszinierende Fotomotive – im Vordergrund das Moor, leuchtend in Orangebraun, am schönsten vielleicht im Herbst, dazu die hellen frischen Birken und im Hintergrund die Berge des Ammergebirges.

Die »geschützten Landschaftsbestandteile« Fronreiter See und Kuhmoos bestehen aus hydrologisch weitgehend unbeeinflussten Komplexen aus Flach-, Zwischen- und Hochmooren mit naturnahen Übergängen zu Magerrasen, Felsfluren, Gehölzformationen sowie Auegesellschaften. Sie sind ein besonders wertvoller und wichtiger Lebensraum für gefährdete Tier- und Pflanzenarten.

Wandervorschlag

Wir starten bei der Wieskirche, östlich von Steingaden. Gegenüber der Kirche, hinter dem Parkplatz beginnt unser Wanderweg. Als Zeichen sind »König-Ludwig-Weg« und »Prälatenweg« beziehungsweise die Richtung »Steingaden« und »Brettlesweg« angeschrieben. Nach den Häusern spazieren wir kurz über eine Wiese, dann aber kommt schon der Wald und dahinter der Wiesfilz. Diesen überqueren wir auf dem Brettlesweg – der Name zeigt an, wie er beschaffen ist. Wir gehen nämlich auf Balken: Vorsicht bei Nässe, Holz ist dann rutschig!

Nach dem Moor wandern wir im Wald bis zu einem querenden Schotterweg. Hier sind einige Wegweiser angebracht, der für uns gültige weist nach »Hiebler«. Wir spazieren geradeaus weiter; das Terrain senkt sich bald steil bergab zum Bach, dahinter steigen wir wieder hoch nach Hiebler. Nach dem Ort geht es, nun leider auf asphaltiertem Sträßchen, über Kreisten zu dem Sträßchen über dem Biberschwöller See. Hier orientieren wir uns links. Nach einer leichten Steigung erreichen wir die links des Wegs liegende Kirche mit der Erinnerungstafel an die Pestjahre in Fronreiten (1562, 1564); die Toten sind hier beerdigt.

Etwas später kommen wir nach Fronreiten. Im Weiler halten wir uns links und verlassen ihn kurz darauf wieder. Beim Ortsschild biegen wir erneut links ab (Richtung »Resle, König-

Ludwig-Weg«). Der Weg beschreibt eine Kurve bis zu einer Verzweigung vor dem nächsten Hof, hier geht es nach links bis zur nächsten querenden Straße und dann nochmals nach links. Wir kommen in den Wald, rechts von uns liegt das Kuhmoos, in das wir schöne Einblicke haben.

Nach etwa eineinhalb Kilometern werden wir nach links zur »Wieskirche« verwiesen. Direkt hinter dem Anwesen Resle können wir nach links einen Abstecher zum Fronreiter See machen, kehren aber anschließend am besten wieder nach Resle zurück. Nach leichtem Auf und Ab und einem Stück im Wald erreichen wir dann wieder unseren Ausgangspunkt.

Ausgangspunkt: Wieskirch.
Zeit: Etwa 3–4 Std.
Länge: Etwa 10 km.
Höhenunterschied: Unwesentlich.
Empfohlene Wanderkarte: Blatt UK L 10 Füssen und Umgebung, Bayerisches Landesvermessungsamt.
Sonstiges: Anfangs gehen wir auf Naturwegen durch Wald und Moor, ansonsten aber auf befestigten Wegen. Ganzjährig möglich, der Brettlesweg ist im Winter allerdings nicht geräumt.
Informationen: Tourist Information, 86989 Steingaden, Tel. 0 88 62/2 00, www.steingaden.de

Glossar

Abtragung: Unter diesem Begriff fasst man alle Vorgänge zusammen, die zur Verflachung der Erdoberfläche führen. Die mehr flächenhafte Abtragung wird Denudation, die eher lineare Erosion genannt.
Aptychen: Aptychen waren von Ammoniten abstammende Lebewesen mit hornig-kalkigem, muschelähnlichem Deckel.
Artesisch: Benannt nach der Landschaft Artois in Frankreich. Von einem artesischen Brunnen spricht man, wenn bei einem natürlichen, unter dem Grundwasserspiegel liegenden Brunnen das Wasser nach dem Prinzip von kommunizierenden Röhren von alleine aufsteigt. Nach diesem Prinzip funktionieren auch Quellen.
Aue: Tallandschaft, oft bei Hochwasser überflutet. Wird von den vom Fluss mitgetragenen Sedimenten bedeckt. Der hier wachsende Auewald besteht aus Weichholz mit Weide- und Pappelarten oder als Hartholzauen aus Stieleiche, Esche und Ulme.
Aufschüttung: Davon spricht man, wenn durch Wind, Flüsse oder Gletscher Material, beispielsweise vulkanische Lockermassen, mechanisch angehäuft wird.
Bannwald: Naturreservat, in welchem keine forstwirtschaftlichen Eingriffe stattfinden.
Doline: Auch Erdfall genannt. Dolinen entstehen, wenn unterirdisch fließendes Wasser einen Hohlraum ausgewaschen hat und das darüber liegende Erdreich einbricht. Früher wurden sie oft als wilde Müllkippen missbraucht oder aufgefüllt. Auf der benachbarten Schwäbischen Alb gibt es ungefähr 5 000 davon.
Einmähdig: Einmähdige Wiesen werden nur einmal im Jahr gemäht (»Mahd«). Dies wurde insbesondere bei Wiesen mit schlechtem Boden gemacht. Dadurch konnten sich auf solchen Wiesen Blumen erhalten, die auf fetteren (und oft gedüngten) Wiesen schon längst verschwunden sind. S. a. *Streuwiesen.*
Eiszeit: Erdgeschichtliches Zeitalter, das von großer Kälte und einer weitgehenden Vergletscherung bestimmt ist. Es gab allerdings keine zusammenhängende Eiszeit, sondern zwischendurch auch längere Warmperioden; insgesamt soll es zu vier Eisvorstößen gekommen sein. Der Geologe A. Penk gab ihnen die Namen der Flüsse im oberschwäbisch-bayrischen Raum, bis zu denen ihre weiteste Ausdehnung reichte: Günz, Mindel, Riss und Würm. Den Anfang machte die Günzeiszeit vor 500 000 Jahren,

die letzte Eiszeit war die Würmeiszeit, die vor etwa 10 000 Jahren zu Ende ging.

Endmoräne: Sie besteht aus Gesteinstrümmern, die von den Gletschern an der Stirnseite mitgeführt wurden; sie blieben nach dem Abschmelzen des Eises meist in einem bogenförmigen Wall liegen. Da es mehrere Gletschervorstöße gab, blieben auch verschiedene Endmoränen liegen.

Erosion: Hiermit wird das mechanische Ausräumen oder Abtragen von Erde oder Gestein durch Regen, Wind oder Eis bezeichnet. Glazialerosion heißt das Abtragen durch Gletscher, Korrasion durch den Wind.

Findling (erratischer Block): Großer, ortsfremder Felsblock, der durch Gletscher von seinem Heimatgebiet zum Teil über weite Strecken mitgeführt wurde.

Geologische Orgel: Kessel- oder trichterförmige Einsenkung, die durch Auslaugungen im Kalkgestein entstand und oft mit Geröll verfüllt wurde.

Geröll: Gesteinsbruchstücke mit gerundeten Kanten, die durch bewegtes Wasser transportiert wurden. Größere Mengen von Geröll bezeichnet man als Schotter.

Gletschermühle (Gletschertopf): Unter dem Gletscher entstandenes, kesselförmiges Strudelloch. Verursacht durch das Zusammenspiel von Wirbelbewegungen des Schmelzwassers mit der schleifenden Wirkung der mitgeführten Mahlsteine.

Grundmoräne: Gesteinsschutt, der an der Gletscherbasis abgelagert ist.

Gumpen: Wassergefüllte Löcher in Bergbächen.

Hauptdolomit: Schichtgestein, das aus dem gleichnamigen Mineral und Kalkspat zusammengesetzt ist, meist durch chemische Umwandlung von Kalkstein entstanden. Die Struktur ist körnig bis dicht.

Hölle: Abgeleitet von der germanischen Todesgöttin Hel. Hiermit werden wilde, abgelegene Schluchten bezeichnet.

Jungendmoräne: Jungmoränen wurden während der letzten Eiszeit (Würmeiszeit) gebildet.

Jura: Zeitalter im Erdmittelalter. Die Abteilungen sind Malm oder Weißer Jura (Beginn der Bildung vor 160 Mio Jahren), Dogger oder Brauner Jura (Beginn vor 176 Mio Jahren) und Lias oder Schwarzer Jura (Beginn vor 190 Mio Jahren).

Kalkflachmoor: Flachmoor, das von Kalkwasser gespeist wird mit kalkliebenden Pflanzen.

Kalktuff: Auch Kalksinter, Süßwasserkalk. Aufbau aus Kalkausscheidungen des Wassers. Locker geschichtet, am Anfang weich, härtet später aus. Die poröse Struktur entsteht durch Verunreinigung und Überkrustung von Pflanzenresten. Die verschiedenen Farben erklären sich durch den unterschiedlichen Mineralgehalt des Wassers.

Kar: Nischenartige Hohlform an einst vergletscherten Gebirgshängen, oft mit Wasser gefüllt (Karseen). Charakteristisch sind ein flacher Boden und steile Rück- und Seitenwände.

Karst: Ursprünglich Name einer Landschaft im Hinterland von Triest, Karstlandschaften gibt es aber überall auf der Welt. Sie bestehen aus wasserlöslichem Gestein, das von Klüften, Spalten und Höhlen durchzogen ist. Durch das Versickern und unterirdische Abfließen sind solche Gegenden sehr wasserarm und durch ein System von Höhlen- und Flusssystemen unter der Erdoberfläche gekennzeichnet. Typisch sind auch Dolinen (s. o.).
Die karbonatischen Gesteine Kalk und Dolomit besitzen gute Wasserlöslichkeit und Durchlässigkeit, so dass fast die gesamten Niederschläge nach kurzer Zeit in den vielen Löchern und Spalten verschwinden; sie sammeln sich in großen Höhlen und strömen unterirdisch weiter, bis das Wasser dann in Karstquellen wieder zutage tritt. In der Zeit, in der das Wasser durch den Berg fließt, löst sich ständig Kalk. Dadurch wurden die großen unterirdischen Höhlensysteme gebildet. Sind diese zu groß, so bricht das Dach darüber ein – und eine Doline ist entstanden.
Das kohlensäurehaltige Wasser löst den Kalk aber nicht nur unterirdisch, sondern auch oberflächlich. Dabei treten verschiedene Formen – *Karren* oder »Schratten« – auf.

Karren: Rillen und Furchen im Kalkgestein, die durch Korrosion und ablaufendes Wasser entstanden sind.

Kaskade: Wasserfall mit einzelnen Stufen.

Kolk: Auch Strudelloch, Strudeltopf. Zylindrische, kesselförmige Höhlung im Fels, die durch Drehbewegung des Wassers und mitgeführte Sande ausgeschliffen wurde. Kann mehrere Meter tief sein. Daneben werden mit diesem Begriff auch kleine, offene Wasserstellen in Hochmooren bezeichnet (auch: »Mooraugen« oder »Blindseen«).

Konglomerat: Sedimentsgestein, grobkörnig aus gerundeten Gesteinsbruchstücken (Geröll), verkittet durch tonige, kalkige, kieselige oder eisenhaltige Bindemittel.

Mäander: Flussschlingen in Talauen.

Malm: Malm gehört zum Weißen Jura und ist die jüngste Abteilung des Jura, eines zum Mesozoikum gehörenden Systems.

Mergel: Weiches Schichtgestein, das vor allem aus Kalk und Ton besteht.

Molasse: Bis zu tausend Meter mächtige Schichtenfolge in der nördlichen Randsenke der Alpen, gebildet im Jungtertiär.

Moor: Unter Moor versteht man ein dauernd durchfeuchtetes Gelände, das aus einer von Wasserflächen unterbrochenen Pflanzendecke und unvollständig zersetzten Pflanzenteilen (Torf) besteht. Durch die Verlandung von Seen entstehen Niedermoore (Flachmoore). Hierbei lagern sich abgestorbene Pflanzen am Seeboden ab und bilden Faulschlamm. Mit der Zeit wird der Boden immer höher und wächst über den Grundwasserspiegel hinaus. Über die Zwischenstation Übergangsmoor entsteht dann ein Hochmoor. Bei dieser Moorart trocknen die ehemaligen Seeränder stärker aus als die innen liegenden Flächen, so dass diese schneller wachsen. Dadurch wölbt sich das Moor uhrglasförmig nach oben.

Mure: Geröllrutschung, meist eine Mischung aus Wasser, Schlamm und Schotter, i. d. R. nach längeren und stärkeren Regenfällen. Sie kann eine Geschwindigkeit von bis zu achtzig Stundenkilometer erreichen. Entscheidend bei der Murenbildung ist das Retentionsvermögen des Bodens, also seine Fähigkeit, Wasser zu binden. Hierbei ist erdiger und bewachsener Untergrund besser als nacktes Gestein.

Nagelfluh: Nagelfluh ist Geröll und Sand aus den späteren Alpen, verfestigt zu einer kompakten Gesteinsmasse. Es wurde Nagelfluh genannt, weil die hervorstehenden Kieselbatzen wie Nagelköpfe aussehen. Und im Alemannischen wird mit Fluh eine Wand oder ein Wandstreifen bezeichnet. Das Konglomerat findet man in den Molassebergen im Norden der Allgäuer Alpen. Die Schichten aus Trias- und Jurakalken, Buntsandsteinen, Mergeln und vielen anderen Beimengungen stammen aus der Erdneuzeit, dem Tertiär. In dieser Zeit, die etwa vor 65 Millionen Jahren begann, fand die Alpenfaltung statt. Das Gestein ist sehr widerstandsfähig und bildet große und steile Gipfel.

Orografisch: In Fließrichtung des Gewässers.

Prallhang: Steiler Uferhang bei mäandrierenden Gewässern, gegenüber liegt der flache Gleithang.

Raiblerschichten: Bis zu 500 Meter mächtige Schichten des oberen alpinen Trias in den Kalkalpen. Sie bestehen vor allem aus Tonschiefer, Sandsteinen, Kalken und Dolomiten. Benannt sind sie nach dem Ort Raibl, heute Cave del Predil/Tarvisio.

Schlenken: Wassergefüllte Vertiefungen in der Oberfläche von Mooren (Gegenteil: »Bulten«).

Schwingrasen: Schwingrasen ist eine vor allem aus Torfmoosen bestehende Vegetationsdecke, die sich auf der Oberfläche von verlandenden Gewässern bildet.

Seggenmoor: Moor mit einer Vegetation, die aus verschiedenen Seggenarten zusammengesetzt ist. Seggen sind Pflanzen mit eingeschlechtlichen, zu Ähren zusammengesetzten Blüten. In Mitteleuropa gibt es etwa 120 verschiedene Seggenarten.

Spirke: Hochwüchsige Form der Bergkiefer.

Stocken: Forstwirtschaftlich für wachsen.

Streuwiese: Streuwiesen liefern nur Material zur »Einstreu« in die Ställe, nicht für Futter. Diese Wiesen werden nicht gedüngt und nur einmal im Jahr (im Herbst) gemäht (s. *einmähdig*). Hier gibt es eine besonders reiche Vielfalt an Pflanzen.

Stufe: Querriegel/Felsbarriere im Verlauf eines Baches/Flusses. Hier kommt es zur Bildung von Wasserfällen, evtl. kaskadenartig.

Tethysmeer: Urzeitliches Mittelmeer (Paläozoikum bis ins Alttertiär), das bis weit in das europäische Festland reichte. Aus seinen abgelagerten Sedimenten entstanden während der Gebirgsbildung die Alpen. Ein Rest des Tethysmeeres ist das heutige Mittelmeer.

Tobel: In Süddeutschland, Österreich und der Schweiz tiefes, eng eingeschnittenes, oft kurzes Kerbtal, entstanden durch Tiefenerosion. Der Name ist mit dem Wort »tief« verwandt.

Torf: So werden Pflanzenreste bezeichnet, die wegen ständiger Wasserbedeckung und Sauerstoffmangel nicht vollständig zersetzt werden.

Toteisloch: So genannte Toteislöcher (oder -seen) entstanden, wenn von einem Gletscher Eismassen abgetrennt und in Moränen eingeschlossen wurden. Nach dem Abschmelzen entstanden dann oft Hohlformen.

Trias: Zeitalter im Erdmittelalter. Die Abteilungen sind Keuper, Muschelkalk und Buntsandstein (Beginn der Bildung vor 200, 215 und 225 Mio Jahren).

Trogtal: U-förmiges Tal, das durch Gletscher verbreitert und vertieft wurde. Seine Nebentäler münden als Hängetäler mit einer Stufe in das Haupttal.

Verlandung: Allmähliches Austrocknen von Gewässern durch die Ablagerung von Pflanzenresten und anorganischem Material.
Weidbäume, -buchen: Weidbäume sind mächtige, uralte Bäume, Solitärpflanzen, die typischerweise bis auf eine bestimmte, einheitliche Höhe keine Äste aufweisen – nämlich bis dahin, wohin die gefräßigen Mäuler des Weideviehs gelangen können. Darüber ist die Krone dann umso mächtiger und gewährt dem Vieh Schutz vor Sonne oder Regen.

Zeiten:

	Formation	Schichten	Dauer	Vorkommen
Gegenwart	Quartär	Alluvialer Schutt	10 000 v. Chr. bis heute	Schutthalden in den Tälern
	Eiszeitalter	Diluvialer Schutt	600 000 v. Chr. bis 10 000 v. Chr.	Moränen
Erdneuzeit	Tertiär	Nagelfluh (Molasse)	70 Mio bis 600 000 v. Chr.	Rindalpen, Rottachberg
	Kreide	Wildflysch Flysch	125 bis 70 Mio v. Chr.	Schlappold, Fellhorn, Hörnergruppe, Sonnenköpfe
		Schrattenkalk		Ifen, Gottesacker, Teile des Grünten, Besler
Erdmittelalter	Jura	Aptychenkalke	160 bis 125 Mio v. Chr.	Schneck, Höfats
		Lias-Fleckenmergel		Linkerskopf, Rappenköpfle, Allgäuer Hauptkamm vom Furschießer bis zum Hornbachjoch
		Bunter Liaskalk		Höfats, Salober, Rotkopf
	Trias	Kössener Schichten	200 bis 160 Mio v. Chr.	Schochen, Kugelhorn, Seealpsee, Geißalpsee
		Hauptdolomit		Allgäuer Hauptkamm vom Biberkopf bis zu den Krottenspitzen, Hornbachgruppe, Widderstein, Hochvogel, Wildengruppe
		Wettersteinkalk		Tannheimer Gruppe, Zirmgrat

Tipps und Adressen

Informationen

* Alpine Auskunft:
DAV Tel. 0 89/29 49 40, www.alpenverein.de
Alpenvereinswetter Tel. 0 89/29 50 70
* Information Allgäu/Tirol – Vitales Land, Heisinger Str. 14, 87437 Kempten, Tel. 08 31/2 06 55 55, www.vitales-land.com
* Tourismusverband Ostallgäu e. V., Postfach 1255, 8760 Marktoberdorf, Tel. 0 83 42/91 13 13, www.ostallgaeu.de
* Mittlerweile ist fast jeder Ort im Allgäu im Internet vertreten; hier einige Homepages für zentrale Gebiete, von denen aus man weitersurfen kann:
  www.oberallgaeu.de
  www.oberallgaeu.org
  www.ostallgaeu.de
  www.unterallgaeu.de
  www.allgaeu.org
  www.allgaeu-schwaben.com
  www.all-info.allgaeu.org
  www.sennalpwege.de
  www.vitales-land.com

Anfahrt

* Bahnverbindungen gibt es über Kempten, Immenstadt und Sonthofen nach Oberstdorf bzw. über Marktoberdorf nach Füssen oder über Pfronten nach Reutte. Zwischen den Orten verkehren Busse.
* Fahrplanauskunft Bahn: Tel. 01 80/5 99 66 33
* Busse:
  RBA Regionalbus Augsburg: Tel. 08 21/50 21 50,
  08 31/59 20 50
  Komm mit: Tel. 0 83 21/6 71 00
  RVA: Tel. 0 83 22/9 67 70

Literaturhinweise

Dr. Dietmar und Renate Aichele, Dr. Heinz-Werner und Anneliese Schwegler: Blumenwelt der Alpen. Stuttgart, 1999.

Ottmar Engelhardt u. a.: Naturerlebnis Baden-Württemberg. Stuttgart, 1997.

Georg Frey, Alfred Weitnauer: Schönes Allgäu von A–Z. Kempten, 1968.

Tiburt Fritz: Naturlehrpfad Zaferna. Mittelberg, 1996.

Tiburt Fritz: Naturlehrpfad Schwarzwassertal. O. O., 1989.

Heinz Groth, neu bearbeitet von Dieter Seibert: Allgäuer Alpen. München, 1992.

Heinz Groth: Allgäuer Alpen. Gebietsführer. München, 1992.

Cornelie Haag u. a.: 250 Naturschutzgebiete im Regierungsbezirk Tübingen. Sigmaringen, 1995.

Adolf Hanle (Hrsg.): Baden-Württemberg. Meyers Naturführer. Mannheim, 1989.

Karl Hofmann: Die Breitachklamm. Oberstdorf. O. O., o. J.

Leonie und Eckhard Jedicke: Naturdenkmale in Baden-Württemberg. Hannover, 1991.

Manfred Knittel: Naturdenkmale in Bayern. Hannover, 1993.

Fritz Lense: Geschützte Pflanzen und Tiere. Gütersloh, 1987.

Alan Mitchell: Laub- und Nadelbäume Europas. Stuttgart, 1987.

Dr. Peter Nowotny: Allgäu von A bis Z. München, 1967.

Dr. Herbert Scholz und Udo Scholz: Das Werden der Allgäuer Landschaft. Kempten, 1981.

Sektion Schwaben (Hrsg.), Gruppe Natur und Umwelt: Rund um die Schwarzwasserhütte. Stuttgart, 1996.

Dieter Seibert: Wasserfälle, Tobel, Felsen. Franz Brack Verlag, Altusried, 1992.

Dieter Seibert, Marcus Luz: Ammergauer Alpen. München, 1990.

Georg Wagner: Rund um Hohenifen und Gottesackergebiet. Öhringen, 1950.

Register

Auf Spurensuche

▷ Geschichte kann sowohl spannend als auch unterhaltsam sein: 18 ausführlich erläuterte Spaziergänge führen zu Orten, die mit der Geschichte Münchens eng verbunden sind. *Spaziergänge in die Vergangenheit Münchens* lädt ein zu abwechslungsreichen Wanderungen in der bayerischen Hauptstadt, z. B.:

- Bei Wittelsbachern zu Hause
- Alte Nobelquartiere und neue Szeneviertel
- Von Blattmachern und Bücherstuben
- Zwischen Isarlust und Biberparadies

Stattreisen München (Hg.)
Spaziergänge in die Vergangenheit Münchens
Klappenbroschur, 192 Seiten
ISBN 3-89716-497-3

ars vivendi